JN252280

Me ne vidn cewsel Sawznek!

私は英語を話したくない！

1777 年、ドリー・ペントリース

Fragile Languages

Produced in English language by HarperCollins
Publishers Ltd under the title:

FRAGILE LANGUAGES

Copyright © UNESCO, 2013
Maps © Collins Bartholomew Ltd, 2013
Photographs © as per credit on page 288

Translation © Shufusha Co., Ltd, 2013, translated under licence from HarperCollinsPublishers Ltd

The ideas and opinions expressed in this publication are those of the authors and are not necessarily those of UNESCO and do not commit the Organization.

The designations employed and the presentation of material throughout this publication do not imply the expression of any opinion whatsoever on the part of UNESCO concerning the legal status of any country, territory, city or area or of its authorities or concerning the delimitation of its frontiers and boundaries.

Printed and bound in Hong Kong

Fragile Languages
滅びゆく
世界の言語
小百科

ジニー・ナイシュ［著］
伊藤　眞［監訳］

柊風舎

目　次

8　はじめに

12　北アメリカの言語
- 18　カルク語
- 26　ハイダ語
- 34　セリ語
- 42　ガリフナ語
- 50　ミクマク語

58　南アメリカの言語
- 64　アイマラ語
- 72　ワラオ語
- 80　マプドゥング語
- 88　ケチュア語（サンティアゴ・デル・エステロ州）
- 96　ティクナ語

104　ヨーロッパの言語
- 110　ロマンシュ語
- 118　北部サーミ語
- 126　コーンウォール語
- 134　ルシン語
- 142　ツァコニア語

150　アフリカの言語
- 156　スバ語
- 164　ハヅァ語
- 172　スィウィ語
- 180　オンゴタ語
- 188　バデ語

196　アジアの言語
- 202　アイヌ語
- 210　アカ語
- 218　トゥヴァ語
- 226　メフリ語
- 234　テムアン語

242　オセアニアの言語
- 248　チャモロ語
- 256　グンバインギル語
- 264　マオリ語
- 272　ロトゥマ語
- 280　ティウィ語

288　参考文献
監訳者あとがき

はじめに

人間の言語は数千年にわたって進化し、100 以上の語族、多数の諸語、そして数千もの異なる言語へと発展・分化してきた。現在、6500 以上の言語と膨大な数の方言が、世界中の 70 億人によって話されている。

しかし、すべての言語が等しく話されているわけではない。英語、スペイン語、ロシア語、中国語、アラビア語、ヒンディー語の話者数は、それぞれ何億人にものぼる。だが、3500 の最少数派言語の話者数は合計で 800 万人ほどしかおらず、しかも、その数は急速に減少している。他の少数派言語に押される場合もあるが、少数派言語の大半は、全国的に話される優勢な言語に追いやられ、いまにも消滅しようとしている。

この流れが続くと、21 世紀の終わりには世界の言語の半分は失われ、それとともに数千年分の知識と伝統も消えることになるだろう。社会的行動や宗教上の信仰から地域固有の自然環境に対する理解まで、地域社会は言語を使って重要な情報を世代から世代へと伝える。言語が消滅すれば、そうした情報のほとんどは失われ、生き残った言語グループと結びついた風習やしきたりによって作り直されたり、置き換えられたりする。

グローバル化が進むにつれて、言語の均質化の流れも進む。国境や自然的境界では、通信や交易に使われる言葉からはもはや言語を守れず、少数派言語を話す人々は経済的、社会的、政治的に高まる圧力に直面し、土着の言語に背を向けることになる。特定の言語の使用を推進したり、ある言語の使用を明確に禁じたりする政府の強引な政策により、やむをえずそうする者もいる。雇用の見通しを改善するため、社会的名声を高めるため、子孫に確実に主流言語を身に着けさせるために、自ら選択してそうする者もいる。

言語的少数派の同化を求める国が依然として多くある一方で、文化や言語の多様性を受け入れる国もある。政府、言語学者、各言語の話者のあいだでは、固有の言語と文化的アイデンティティが永遠に失われることのないよう、積極的な行動が必要だという認識が広がっている。現在では、ひじょうに多くの専門家、組織、出版物がこの問題に取り組んでいる。なかでもユネスコによる *Atlas of the World's Languages in Danger* は、言語に関するさまざまな統計を多くの人々に知らせてきた。言語学者、政府、各言語話者のコミュニティがともに努力し、いくつかの著しい成功をおさめてきた。ヘブライ語、マオリ語、ウェールズ語のように消滅寸前のところで救われた言語がある一方で、コーンウォール語、オーストラリア諸語のひとつであるカウルナ語のように、文字通りに死語となってから復活した言語もある。

これらの先例から学べる多くのことは、後世の人々が伝統を維持するために役立つ。そして、今後数十年で、消滅寸前の多くの言語は小康状態となるか、勢いを取り戻すか、生まれ変わるかする可能性が高いが、それほど幸運に恵まれない言語も必ずある。

本書はこれからあなたを30の言語の世界へ案内する。その世界は6大陸に及び、さまざまな言語族と個性豊かな文化に広がっている。アフリカの吸着音(きゅうちゃくおん)言語からアマゾン川流域の部族の言語まで、ヨーロッパのロマンス諸語から太平洋の島々のポリネシア諸語まで、本書では、各言語が話される地域社会、その言語を作り上げてきた歴史、言語の未来に影響を与える多様な問題を洞察するつもりである。話者が数百万人の言語もあれば、ほんの一握りしかいない言語もある。それらすべての言語は消滅の危機に瀕している。多くは今の世代で失われるだろう。時の試練に耐えられるかどうかは、時が経ってみなければわからない。

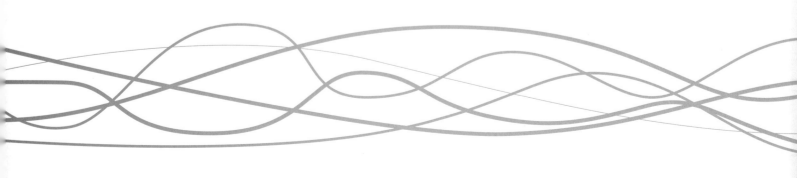

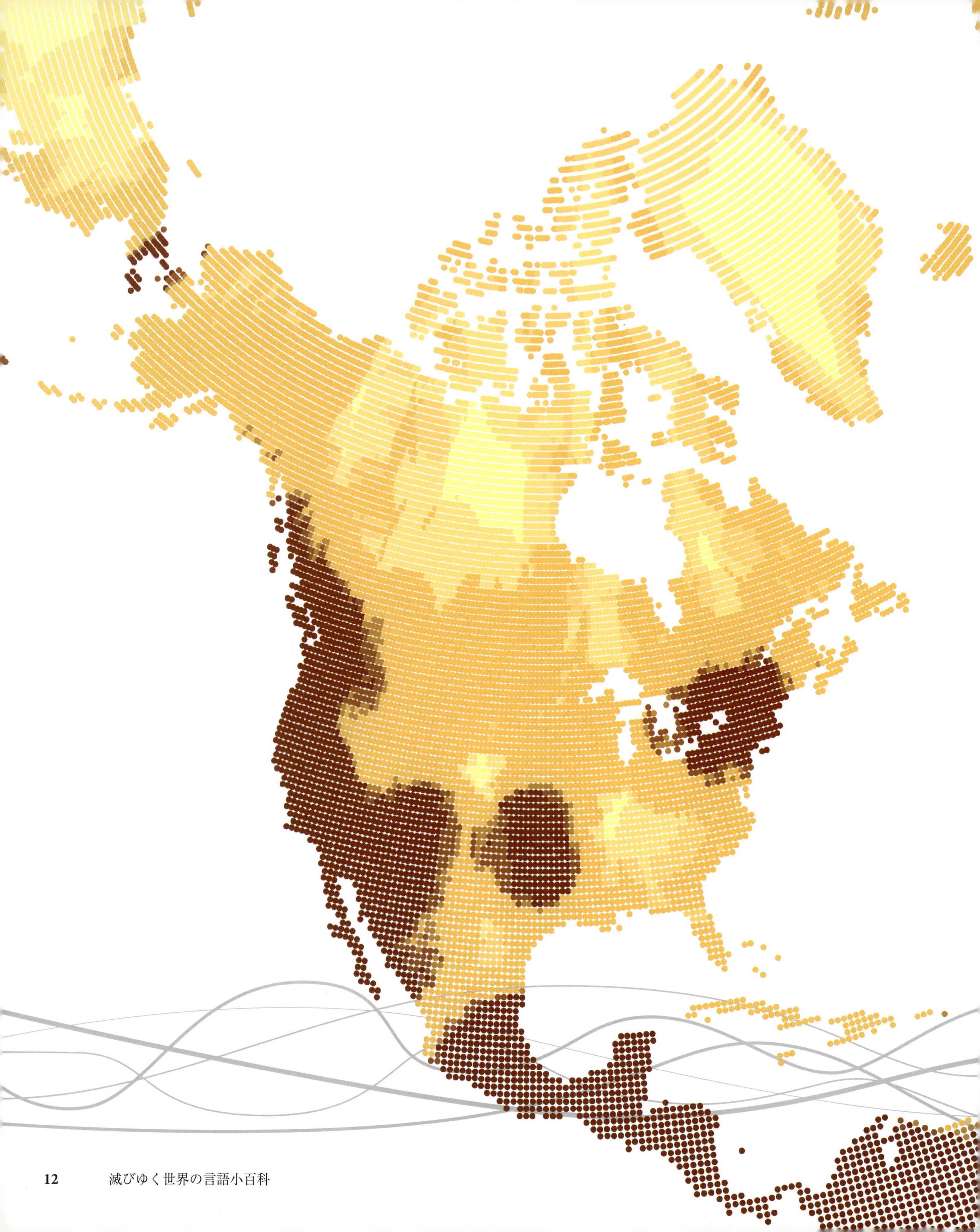

北アメリカの言語

ヨーロッパ人が新世界と接触する以前、現在のカナダ、アメリカ、メキシコ、中央アメリカ、西インド諸島として知られる地域は、約 2000 もの言語が話される、世界でもっとも言語的に多様な地域のひとつだった。

現在残っているのは、多種多様な語族を代表する数百程度である。実は、世界中で西半球ほど明らかに異なる多数の土着（どちゃく）言語が存在する地域はほかになく、この多様性のほとんどは、酷寒のカナダ北部からヤシの木が並ぶカリブ海の海岸までのあいだに見出される。孤立言語から、共通の起源と特徴をもつ広範囲にひろがる語族まで、この大陸は土着言語を話す声で活気に満ちている。メキシコと中央アメリカで話されるナワトル語とマヤ諸語のように話者が数百万人いる場合もあるが、その他の多くの言語は消滅の危機に瀕している。

状況は国によるだけでなく、言語によっても大きく異なり、その状況を作り出す要因もさまざまだ。主流言語である英語、スペイン語の支配力が大打撃を与えてはいるが、そのほかにも歴史的、政治的、経済的な圧力が南北アメリカ大陸の土着言語に脅威を与えている。

中央アメリカの大部分は動乱と変化に満ちた過去をもつ。スペイン人征服者たちが到達する以前、この地域の大部分は1万年以上ものあいださまざまな民族が暮らしていた。ナワトル語とマヤ語の影響力はメキシコから南方へ広がり、ホンジュラスとコスタリカまで達し、チブチャ語族とアラワク語族の影響力はパナマを通って北方へ広がった。16世紀に入植者が到着したとき、彼らは新しい習慣と新しい信仰、そして当然のことながら新しい言語を持ち込んだ。英語とフランス語はカリブ海の島々に浸透したが、ベリーズを除く中央アメリカを支配したのはスペイン語だった。

多くの土着言語はさまざまな先住民族のなかで生き残ったが、南北の大陸をつなぐ地峡部（ちきょうぶ）の国々が植民地支配から離れたあとも、スペイン語の支配は長らく続いた。同時に、新しい言語が形成された。アラワク族とカリブ人、そしてアフリカ人奴隷の影響がひとつになったガリフナ語や、より東方の島々から来たプランテーション労働者とともに持ち込まれた、英語をベースにしたクレオール語がその例である。

現在、グアテマラでは公用語のスペイン語のほかに約25種類の使用言語があり、学齢期の子供たちの50%が今でもマヤ語の一種を話す。しかし、最近まで先住民族の権利はほとんど確立されておらず、バイリンガル教育に対する政府の具体的な支援はなかった。ホンジュラスでは人口の15%がアフリカ系またはアメリカ先住民の子孫であり、その半数が先住民の言語を話す。およそ20年にわたり、言語推進プログラムがいくつか実施されてきたが、これまでのところその効果は限定的だと言わざるをえない。

エルサルバドルでは20世紀初めに政治的圧力によってピピル語の話者数が激減したが、回復に向けた動きは続いている。一方、コスタリカでは先住民の言語を話すのは人口の1%のみであるが、彼らを保護する政策は近隣諸国に比べてひじょうに進歩的だ。数多くの研究プログラムが進行中であり、言語維持プログラムは政府やその他の機関から積極的な支援を受けている。パナマの言語状況も、この地域のなかではもっとも良好な部類に入る。生き残ったすべての言語は実用的な書記法で記されており、バイリンガル教育プログラムが実施され、国内の少数派言語にもスペイン語とともに公的な地位を与えようという動きが、はっきりと見える。

メキシコの各州は政治的に統一されているにもかかわらず、言語の状況はパナマ地峡の国々の場合に劣らずバラバラだ。メキシコの人口の5%以上が先住民の言語をスペイン語と同等に話すか、ないしは母語として話す。その内訳は、ナワトル語話者が150万人、マヤ語系方言の多数の話者、そしてアヤパネコ語のようにわずかな話者しかいない言語の話者たちである。アヤパネコ語を流暢に話せる者は2人しか残っておらず、しかもこの2人の男性は仲が悪いため、互いに口をきくことがない。この言語の余命は少ないだろう。

メキシコには、広範囲の語族と関連諸言語に属する細かに分化した諸方言まで含めると、合計364の言語がある。このうち46は「脆弱」、35は「危険」、33は「重大な危険」、19は「極めて深刻」と公式に認定されている。その他の言語はすでに消滅した。スペインからの独立後も、メキシコ国民にスペイン語を唯一の第1言語として使わせようという圧力が止むことがないのは、経済的・社会的・政治的要因がこの国固有の遺産を浸食しつづけているからである。

2001年、憲法改正によりメキシコ先住民の慣習は尊重されるべきであると明言され、2003年には先住民の言語権を認める連邦法が可決された。それに続き教育法が改正され、先住民の言語を話す人々には、その母語とスペイン語の両方で教育を受ける権利が与えられた。これらは積極的な前進だが、メキシコにある多数の言語がすたれてしまわないためには、やるべきことはもっとある。

メキシコ国境の北、アメリカ合衆国では先住民の言語の多くがすでに消滅し、生き残っている言語の多くも消滅する可能性が高い。アメリカ合衆国だけで世界の多様な言語の約15%を有する。ヨーロッパ人が到達した当時、現アメリカ合衆国として知られるこの地域では、約280の先住民言語が話されていた。現在、その半数近くは消滅した。その他にも同じ道をたどりつつある言語もあり、先住民言語すべてがある程度の消滅の危機にある。カリフォルニア州だけで、ゴールドラッシュ時に100あった先住民言語が、今日では50以下に減少した。

先住民の言語のなかでもっとも広範囲で話されているのはナバホ語で、話者数は約12万人である。話者数は比較的多いが、それでも危機に瀕している。ナバホ族の子供たちのうち、ナバホ語を第1言語もしくは唯一の言語にしている者は半数にも満たず、その割合は年々減少している。しかしながら、こうした言語的多様性の重大さを軽視すべきではない。第2次世界大戦中、アメリカ軍が部隊間で機密情報を伝達するために、先住民言語を話せる者を暗号兵として徴用したとき、アパッチ族、チェロキー族とともにナバホ族は極めて重要な役割を果たした。その戦略は成功し、日本もドイツも暗号文を解読することができなかった。

話者数が少ないと、アメリカ先住民の言語は外部社会の圧力に影響されやすい。主流の英語を話す社会に先住民を同化させようとする長年の取り組みとあいまって、アメリカではたくさんの言語が危機にさらされている。意味のある予防策を講じなければ、約70の言語はすぐにも消滅する恐れがある。

存続の望みは、文化遺産の保護に向けた積極的な動きにある。先住民たちのあいだでは、自分たちの歴史と文化の保護に関心が高まっており、自分たちの言語を失うことは伝統のみならず、自らの本質を失うことだという認識が広まっている。学術機関と第三者機関の支援を受けて、多くの地域社会では合宿方式の集中学習、保育施設「ことばの巣」、大人を対象とした語学教室、識字教育講座、そして新しいメディア・ツールがつくられてきたが、成果の度合いはさまざまである。

そのような方法で、もっとも早く言語の復興に取り組んだ地域社会のひとつがハワイだ。ハワイでは19世紀以降、ハワイ語の話者数が一気に減少した。今日では、組織的な言語復興プログラムのおかげで、ハワイ語を第1言語とする子供は50人から2000人に増え、さらに大人は6000人となった。現在、公共の標識のほとんどがハワイ語で表記され、ハワイ語の出版物や定期放送がある。数多くのウェブサイトが先住民文化を掲載し、ハワイ語の話者間のコミュニケーションのための双方向メディアを提供している。ナバホ族やもっと小さな先住民の地域社会も、同様のプログラムで言語消失の流れを食い止めようとしているが、それでも時間切れになる場合もあるだろう。

アメリカ合衆国と同様に、カナダではすでに多くの先住民の言語が使われなくなっている。現在、カナダでは約86の言語が話されているが、今後50年間で生き残るのは半数以下だろうと推定される。自民族の言語を母語として話すのは、カナダの先住民120万人のうち22万2000人しかおらず、子供の場合、その割合は著しく低下する。

カナダにおける言語の衰退に拍車をかけたのは、20世紀初頭にかけて押し付けられた寄宿学校制度だった。政府の助成金と教会の監督により、この制度は何十年にもわたって15万人を越える子供たちを家族から強制的に引き離し、母語の使用を禁止する環境に置いた。2008年、カナダ政府はこの状況について正式に謝罪した。政府は過去20年にわたり、先住民の言語の使用を奨励する建設的なプログラムを数多く実施してきたが、長期にわたる寄宿学校制度の影響は大きい。都市中心部への移住の増加、主流社会の基準に合わせるべきだという社会的圧力、英語とフランス語によるメディアの支配は、言語衰退の流れを食い止める役には立たない――実際、カナダ先住民社会の言語消失を加速させている。だが、いくらか復興の兆しはある。政府の支援計画のおかげで新たな話者が生まれているのだ。生まれた時から自分の言語を選ぶ機会を逃していた多くの人々が、今日ではそれを第2言語として学び、言語と密接に結びついている豊かな伝統を守る機会をもち始めている。

カルク語 Karuk

話者数：12 人

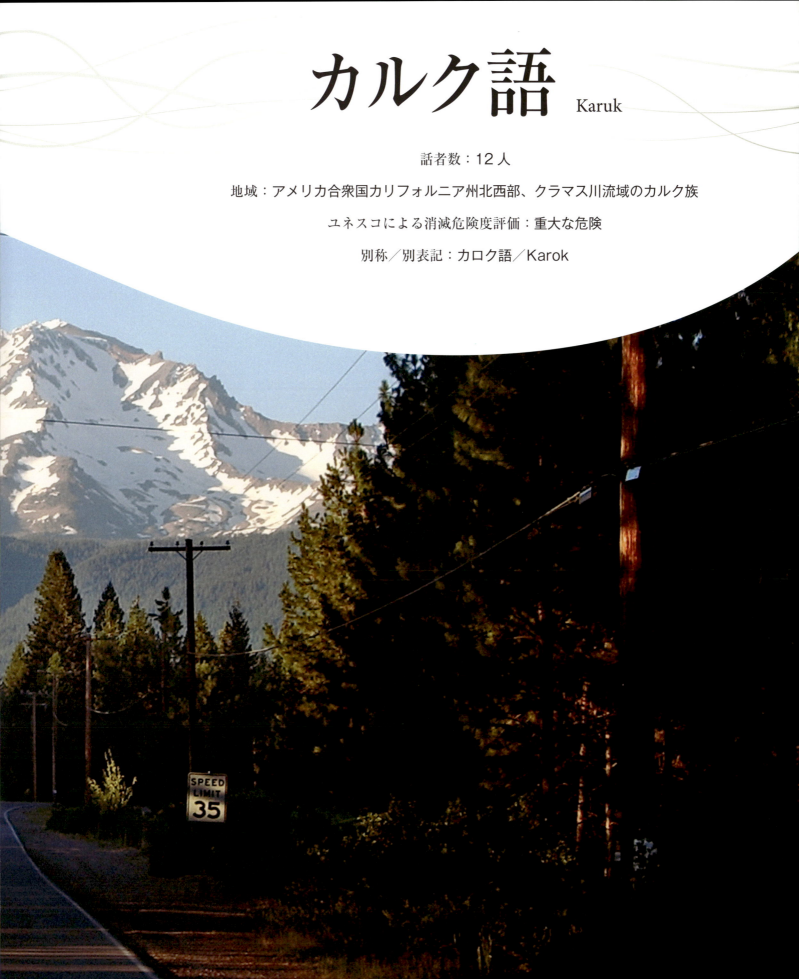

地域：アメリカ合衆国カリフォルニア州北西部、クラマス川流域のカルク族

ユネスコによる消滅危険度評価：重大な危険

別称／別表記：カロク語／Karok

5000年以上前には現在のかたちになっていたと思われるカルク語は、カリフォルニアでもっとも古い言語のひとつである。この言語を話すカルク族は、クラマス川流域にあたるカリフォルニア中北部の広大な地域に古くから住んでいた。「カルク」(**karuk**)という語は「上流」を意味し、結束が強くて地理的に隔絶されたこの集団、「上流の人々」を指す。

サーモン川(**Mushahsava**)がクラマス川にそそぐ場所は、カルク族の領地のまさに中心部と考えられており、部族内では「世界の中心」を意味する**Katimin**として知られている。

何世紀ものあいだ、カルク族は隣り合うユロク族とフーパ族とこの地で共存していた。この3部族は共通の習慣と信仰を持ちつつも、言語によって分かれていた(カルク語は現存するほかの言語との共通点が証明されていないため、孤立言語である。3部族は平和に共存しながらも互いに隔離されていたため、異なる土着(どちゃく)言語が守られつづけた)。

現在、カルク族は主に2つの居住地に集められている。オーリンズ・カルク政府指定居留地とクオーツ・バレー居留地だ。一方、ほかの2部族は仕事や勉学の場、伝統にとらわれない生き方を求めて都市のなかへ散り散りになってしまった。強制的な同化政策と移住、デジタル・メディアの急成長が、過去わずか数十年のあいだにカルク族を英語を使う方向へとシフトさせたことはあまりに明白だ。

1950年代に言語学者ウィリアム・ブライトが、カルク語に興味をもち、この言語では初の文法書の作成に着手したとき、話者は200人ほどいると推定した。現在、カルク族の総人口約3000人のうち、カルク語を流暢に話せるのは10人前後だ。この言語は消滅寸前のところをさまよっている。

ところが、カリフォルニア州ですでに言語と文化を永遠に失った多くの部族とは異なり、カルク族にはまだ希望がある。少人数の熱心なボランティア・グループが、師弟学習プログラムをつくりあげた。それは、最後に残った数少ない話者と志を同じくする学習初心者を2人1組にすることで、知識と経験を集中学習に生かすというものだ。彼らは週に最大40時間をともに過ごし、それを3年間続ける——教える側も教わる側も、責任重大だ。これまでに約20組がこのプログラムを修了したとみられており、師匠たちのなかにはその役目を何度も引き受けたことのある者もいる。

カルク族のある4人の若者は、生まれた時から自分たちの言語を第1言語として話すように育てられてきた。ほかの学習者たちは、若者も年長者も、かなり流暢に話せるようになった。このボランティア・グループの性質上、話者数がさほど多くなることはないだろうが、一世代に流暢に話せる者が新たに2、3人いさえすれば、言語の寿命を50年以上は伸ばすことができる。時の経過による最終的な消滅は避けられないだろうが、少なくとも言語が生き延びている今は、カルク族の伝統も生き続ける。

カルク語

多くのアメリカ先住民の文化と同じように、カルク族には神話に対する強い思いがある。伝説に登場するコヨーテは、カルク族のスピリチュアリズムと口承文学のなかで大変重要な役目を果たす。

Káan áraar úkrii, táay vúra mupathúvriin. Káan pihnêefich umáahtih, tóo mah poopathuvrîinati ára kaan. Kári xás upiip, “hôoy imáahti peeshpuk.”

そこにはひとりの人間が住んでいた、彼はたくさんの銭の束をもっていた。コヨーテは彼を見た、そこで銭の束を数えている人物を見た。そして言った、「どこでその金を見つけたのか？」

Kári xás upiip, “kahyúras.”

すると彼は言った、「クラマス湖だ」

語

ár or ávansa – 男

asiktávaan – 女

chishiih – 犬

áas – 水

taahkoo – 白

kaschiip – 黄

áaxhich – 赤

ixkáram – 黒

av – 食べる

すべての言語には、変化する社会への適応力が必要だが、カルク語も例外ではない。必要があれば新しい言葉がつくられる。

uhyanavaráyvar – 携帯電話（「歩き回る話す機械」）

pimustihváanar – 鏡、ガラス、窓（「自分を見る道具」）

kúusura – 太陽／月

kusnáh'anamahach – 置時計、腕時計（「小さい太陽」）

avaheeknívnaamich – パントリー（「食料小屋）

ikxúrikar – ペン、鉛筆（「書く道具）

imníishram – 調理用こんろ

íshaha – 水、果汁（「飲まれるもの」）

ikakriha'ásip – 冷蔵庫（「氷の箱」）

ikrívkir – 椅子（座る道具）

ikxúrik – 紙、本

句

Xkiri koovura Karuk va'araaras kunchupheesh nanuchuupa –
人々がカルク語を話すようにする

Vírusur uum taay pooxrúunhatih –
そのクマはうなってばかりいる

Pavirusura íshkih tóo kviip –
そのクマは走るのが速い

Yáv umúsahiti pa'ishkéesh –
その川は眺めがよい

Peeshkêesh tupiváxrah –
その川は干上がりつつある

数

yítha – 1

áxak – 2

kuyraak – 3

piith – 4

itrôop – 5

ハイダ語 Haida

話者数：55 人

地域：カナダ（ブリティッシュ・コロンビア州）、アメリカ合衆国（アラスカ州）

ユネスコによる消滅危険度評価：カナダ内で脆弱、アメリカ合衆国で危険

別称／別表記：南部ハイダ語、北部ハイダ語

ハイダ族は、南北アメリカ大陸において、起源をたどれるもっとも古い民族のひとつである。考古学的証拠から、彼らは最後の氷河期以来、ブリティッシュ・コロンビア州沖のハイダ・グワイ（Haida Gwaii）、かつてのクイーン・シャーロット諸島で暮らしてきたことが示されている。18 世紀終わりごろ、初めてヨーロッパ人が接触したとき、ハイダ族はクイーン・シャーロット諸島からアメリカ・アラスカ州のプリンス・オブ・ウェールズ島までの広大な地域に何千人もいたと考えられている。

ハイダ族は伝統的に、安全な海辺や穏やかな島の入り江に小さな村をつくって暮らした。同じ半族、あるいは母系氏族（ぼけいしぞく）に帰属する複数の家族がスギ造りの長方形の家屋に住み、各村の長は母系の血統に基づいて任命された者が務めたものだった。主食は魚と海洋動物で、彼らはとても巧みに舟を操り、彼らが造るヒマラヤスギの丸太舟は高品質で有名だった。

多くのアメリカ先住民族と同様に、ハイダ族は比較的に孤立した状態にあったため、病気や戦争、外部の影響から大いに守られた。ところが、ヨーロッパ人の到来がこの状況を変えることになった。天然痘（てんねんとう）などの流行病による被害は甚大で、たくさんの人命が奪われ、多くの人々がやむを得ず本土で別の生き方を求めた。今日では、ハイダ族から大勢の人々がブリティッシュ・コロンビア州の漁業や缶詰製造業、木材産業に携わり、しっかりと社会の主流に受け入れられている。彼らの慣習とアイデンティティ、そして言うまでもなく言語の大部分はすでに失われてしまった。

島の人口減少にともない、ハイダ族の再編成が徐々に進み、とうとう 3 つの村にいるだけになった――カナダのグレアム島マセットとスキドゲイトのファースト・ネーション（カナダでの「北米先住民」の呼称）の人々とアラスカ州プリンス・オブ・ウェールズ島の先住民村ハイダバーグの人々である。

ハイダ族の人口激減とともに、ハイダ語は使われなくなった。政府による土着語の使用禁止令以後、教育と就職の長期的な見通しが改善すると信じて、ハイダ族自らが言語という伝統に背を向けて英語を使用することが加速化された。

方言の差異がなくなり始め、とうとう互いに理解可能なふたつの方言だけが残った――北部ハイダ語（Xaad Kil）と南部ハイダ語（Xaaydaa Kil）である。ユネスコによると、今日では北部ハイダ語を第 1 言語とする話者は存在せず、南部ハイダ語を流暢に話せるのは、グレアム島のマセットとスキドゲート地区でわずか 55 人である。そのほとんどが 80 歳から 100 歳で、50 歳未満だと自民族の言語の基礎を理解している者でさえ数えられるばかりの数である。

事実上の消滅から言語を復活させるのは容易ではないが、ハイダ族の文化に対する関心を回復させたことは、言語は戦わずして死ぬことは絶対にないという試みの先駆けにはなってきた。さまざまな教育プログラムと師弟学習プログラムによっていくらか成果をおさめたが、残っているハイダ語話者の平均年齢が 100 歳に迫る勢いであることから、おそらく時間切れとなるだろう。

ハイダ語

ハイダ語の表記方法は数多く存在する。各表記法はハイダ語の音を示しており、わずかな違いはあるが、すべてラテン語のアルファベットに基づいている。ハイダ語は独特で、名詞と動詞はあるが、形容詞がない。

「Haida」は「人」という意味だ。「Xaaydaga Gwaay.yaaya」は、ハイダ・グワイ（Haida Gwaii）、つまりクイーン・シャーロット諸島の土着語である。

ハイダ族は伝統的にふたつある半族――「ワタリガラス族」または「ワシ族」――のどちらかひとつに属した。子供たちは自動的に母方の半族に属し、婚姻は各半族出身者どうしでおこなう必要がある。

ハイダ族の文化にとってひじょうに重要な口承文学は、自然界と超自然界とのあいだで微妙なバランスを保っている。伝統的なハイダ族の伝説はたくさんあり、その多くは神話上のワタリガラスをめぐる物語になっている。このワタリガラスは、世界の創造主

やトリックスター神であり、ほかのアメリカ先住民族の文化におけるコヨーテと似た性格である。

「ハイダ語は話し方が異なるだけでない、考え方が異なるのだ。その考え方とは、自然なものや超自然なものと私たちのつながりをどう理解するかである。私たちが何者であるかをどう理解するかである」
ブリティッシュ・コロンビア州スキドゲート、ハイダ・グワイ博物館館長ニカ・コリソン

Yáahl

Yáahl uu st'igáalaan, hal st'iáwyaagaan.
'Wáadluu xíl hal tlaahláayaan.
Gut'iláa k'íit k'uts hal ts'asláangaan.
Wáadluu sáng kwáan hal néilaan gyaan hal 'lagáalaan.
Asgáayst hal xitgwáangaan táawk uu hal diyáangaan.
'Wáadluu, chíin kwáan gándlaay aa hal táagaan.
Hak sk'ísdlaayaan gyaan xitgáay aa hal jagíyaayaan.
'Wáadluu hingáan an sáanjuudaayaan.
Ahljíil uu tl' hlgúujuu jahlíis gám 'láa'anggang.

ワタリガラス

ワタリガラスは病気になった、重い病気だ。
そこで彼は薬を作った。
彼はさまざまな種類の木の根を煎じた。
そして何日もそれを飲んで健康を取り戻した。
それから飛び回って食べ物を探した。
そして小川の魚をたくさん食べた。
彼は満腹になって飛べなくなった。
だから次は休むしかなかった。
そういうわけで、欲張りすぎるといいことはない。

句

Lána-áka – 町長（「人々の母」）

Diahl gwaiyanai – 同じ氏族の仲間（「自分の民族の名に由来する者たち」）

Hlgaagilda Llnagaay guu hll naawuu – 私はスキドゲート村に住んでいます

Haws dang hl kangs xahl dii xangal gang – あなたに会えてうれしいです

Iisang dang hll king gas gae – また会いましょう

Gam ahaay.yad dii ga xiidsgid gang ga – 今日、私は嵐で足止めされることはありません

Ahaay.yad maaluu k'ad.dala gii talang halxa gan –
今日、私たちは小魚の稚魚を捕まえる予定です

Chiina k'aaga tlaa'alaay sdansing hll hlgaayts'ids uu higaaysguu han kiigang –
40 匹の魚をまとめたものがひと束と呼ばれる

K'iiwaay kaalgas iilaaw tl'l kaajuuin chiihll gan –
道が氷で覆われているにもかかわらず、彼らは全員狩りに出かけてしまった

K'aayts'awaay k'aayhlgahl da gan – taay hla –
星が向きを変えた——もう寝なさい

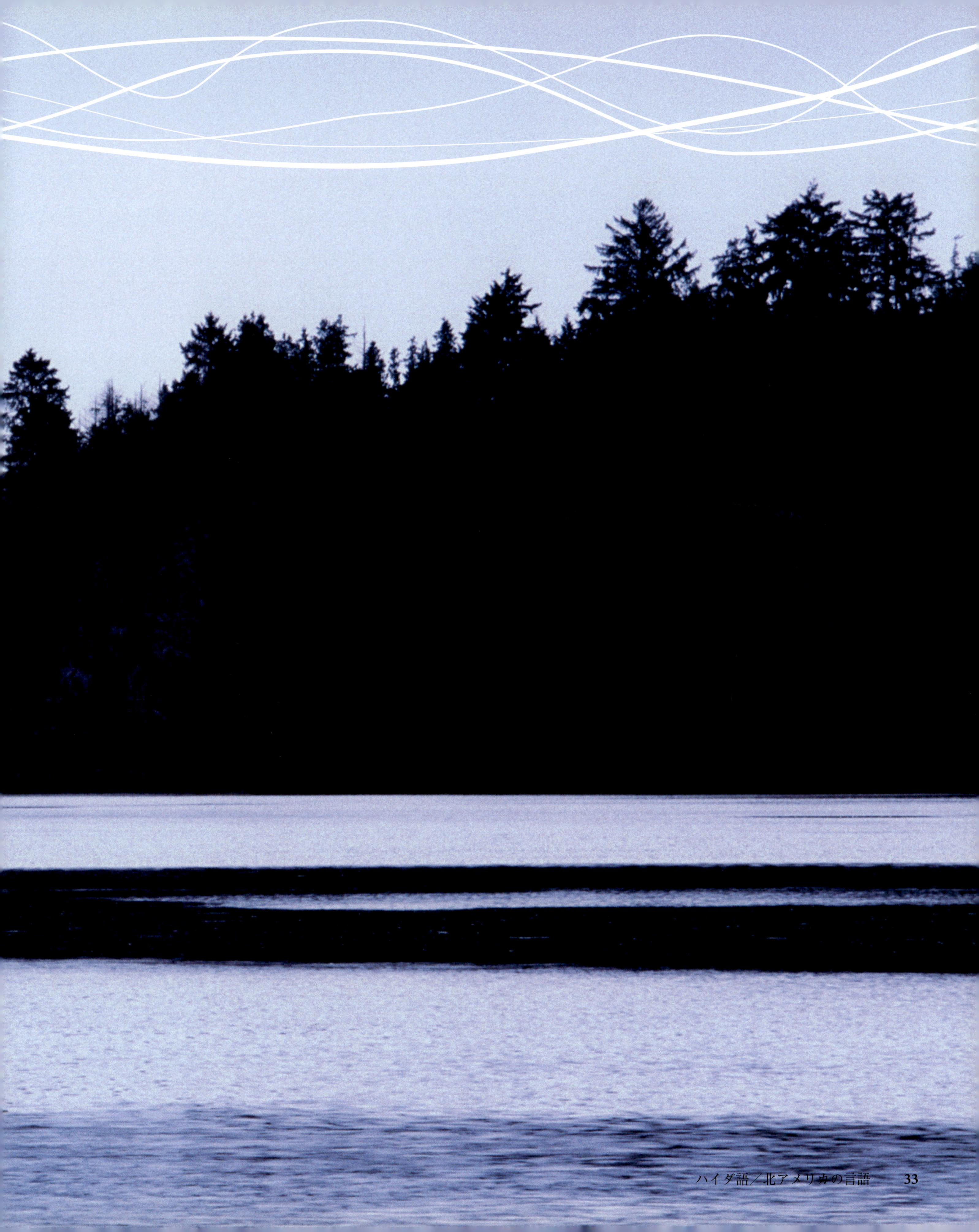

セリ語 Seri

話者数：518 人

地域：メキシコ・ソノラ州エルモシヨ市とピティキート市

ユネスコによる消滅危険度評価：脆弱

別称／別表記：Cmiique Iitom

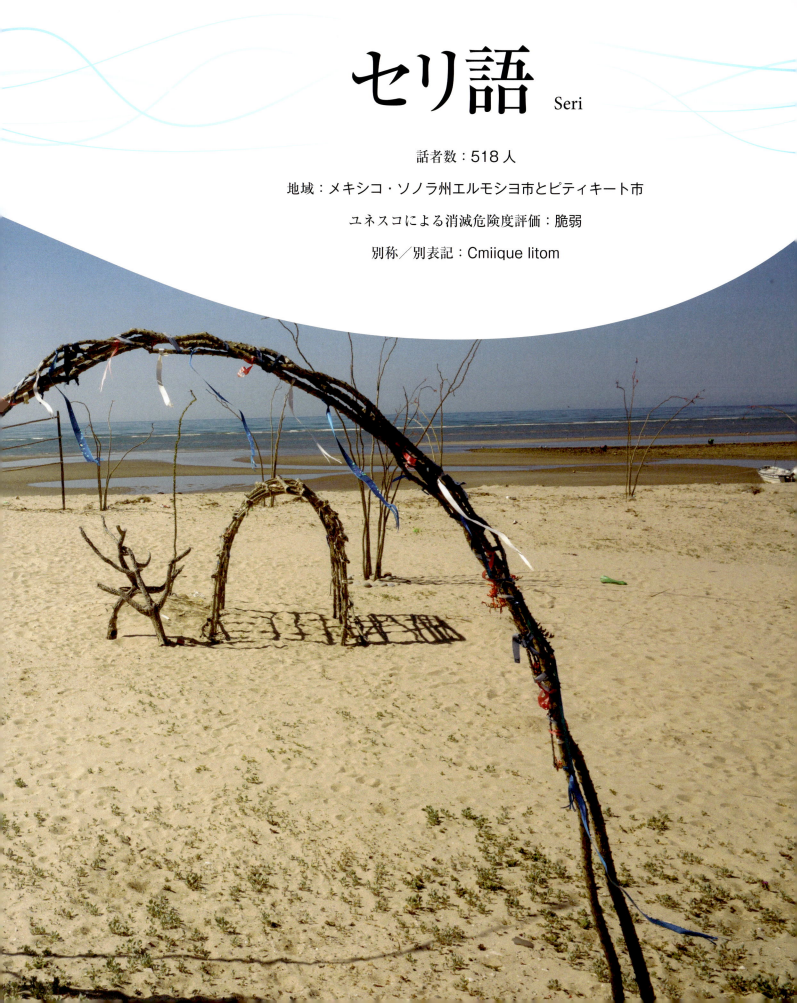

セリ族は2000年以上前にアジアからベーリング海峡を渡り、北アメリカの西海岸を南下し、最終的にメキシコのソノラとして今日知られる地域に到達したと考えられている。彼らが住み着いた広大な土地は、乾ききった砂漠とカリフォルニア湾の100kmに及ぶ海岸線をあわせ含んでいた。

彼らは非定着的な生活を送り、季節や手に入る天然資源に応じて移動した。彼らより前に、風雨を避けるもののないその土地に首尾よく住み着いた者はほとんどいなかったが、狩猟と漁と採集を組み合わせることで、セリ族は生き延びる独自の方法を開拓し、自分たちが置かれた困難な環境に強い親しみを抱くようになった。

主な食糧資源は伝統的にアオウミガメとリュウゼツラン、メスキート豆、サボテンの実、そしてわずかばかりの陸生（りくせい）動物とアマモである。実は、アマモを利用するセリ族は、食糧資源として海生（かいせい）の種子（しゅし）植物を採集する唯一の民族だと思われる。

セリ族社会にとってひじょうに重要なアマモは食糧の範疇を越えて、セリ語のなかにも登場する。セリ語の一般的な用語のなかには、アマモの採集と利用に関する情報が含まれているものが多い。たとえば **xnois iháat** は「4月」のことだが、直訳すると「アマモを収穫する月」である。また、**xnois cacáaso** の名をもつ「コクガン」（黒雁）は、アマモの種ができる時期を告げる。この鳥が海に潜って成熟したアマモを食べることが、収穫期の始まりの合図だ。セリ語には砂漠の植物に関する用語が合計300以上あり、それらを薬や食事に幅広く利用する方法の用語となると、さらにたくさんある。

かつてソノラ地区には数千人のセリ族が住んでいた。部族内外の争いとたび重なる流行病の発生で人口は激減し、今日ではかろうじて500人を越える程度と推定される。セリ族の知識と知恵に関していうと、精神的な独自性のみならず、動植物や周囲の厳しい砂漠と、豊かな恵みをもたらす海水に秘められた極意を紐解くカギは、彼らひとりひとりが握っている。セリ族の慣習と言語は、彼らが置かれた自然環境を反映している。セリ族の言語が消えれば、彼らの伝統も消えるだろう。

セリ族は富の蓄積と物質的所有を避ける。伝統的なしきたりでは、個人が死ぬとその人の家は焼かれ、さほど多くない所有物は遺体とともに埋められるべきだとされた。この精神は現代のセリ族社会にも浸透しているが、メキシコ社会の主流となる価値観とは相反するため、民族を一層孤立させるばかりだ。

多くの先住民族はすでに歴史書のなかに消えたが、セリ族の孤立は人口の減少に拍車をかけてきたのか、それとも実は部族の存続に貢献してきたのか、問わざるをえない。今後は、孤立しつづけることと他文化とコミュニケーションをとることとのバランスが、セリ族の未来のカギを握ると思われる。どんな未来になるかは誰にもわからない。

セリ語

セリ族は自分たちをcomcáac(複数形)またはcmiique(単数形)と呼ぶ。彼らの言語はCmiique Iitom(「セリ族の人の言語」)、彼らの領地はcomcáac quih hant iti yaii（「セリ族の人々が住む場所」）として知られている。ティブロン島（Tahéjöc）はセリ族の心のふるさとと考えられている。その他、セリ族の過去と現在における生活で重要な役割を果たす場所は、Soj Iyat（グアイマス）、Socáaix（プンタ・チュエカ）、Haxöl Ihom（エル・デセンボケ）、Xpano Hax（プエルト・リベルタード）、Hant Ihíin（バハ・カリフォルニア）である。

句

Cmaam quih hax pac iyóosi – その女性は水を飲んだ

Luis quih sooit caha – ルイスは踊りにいく

Hazx quih zixcám com iyóohit – その犬は魚を食べた

Pancho quih cocazni z imíicö – パンチョはガラガラヘビを殺した

Comcáac pac yoozcam – 数人が到着した

語

xatj – サンゴ礁

xtaasi – 礁湖

xepe – 淡水の潟湖

zaaj – 洞窟

hast – 岩、山

hehe – 木材

hap – 雌ジカ

zixcám - 魚

haxz – 犬

zep – ワシ

cozamlcamáacöl – 蚊

ptcamn – ロブスター

nop –ピューマ

セリ語にはスペイン語からの借用語はほとんどない。
ごくわずかに存在するものを挙げると：

スペイン語	セリ語	日本語
canoa	canóaa	カヌー
copa	coopa	カップ
loco	roocö	狂気の

ziix ccáp – 飛行機（飛ぶもの）

hapáspoj cmatsj – 新聞（広げてある紙）

hant iháamac quiij – 島（孤立した土地）

ziix cocazja – サソリ（噛みつくもの）

ガリフナ語 Garífuna

話者数：11万5千人

地域：ベリーズ、グアテマラ、ホンジュラス。アメリカの主要都市に少人数。
以前はニカラグアでも話されていた。

ユネスコによる消滅危険度評価：脆弱。ニカラグアでは極めて深刻

言い伝えによれば、ガリフナ族のルーツをたどると、1675年のある嵐の夜に難破してカリブ海の浜に打ち上げられたアフリカの奴隷船にいきつく。プランテーションでつらい人生を送る運命だったビアフラ湾の不運な生存者たちは、草木に覆われた岩だらけのセント・ビンセント島に逃げのびたとされる。彼らは、すでにその土地に定住していたカリブ人とアラワク人とともに平和な暮らしを築いた。

その言い伝えが事実かどうか、またはもっと長期に渡って、奴隷船や近隣のバルバドスやセント・ルシア、グレナダのプランテーションから人々がえんえんと逃れつづけた結果として、ガリフナ族になったのかどうかは、実のところわかっていない。しかし、少なくとも18世紀初頭からの歴史は明確である。

逃げのびた人々は、カリブ人やアラワク人と交わり、結婚をして、急速に彼らの習慣を取り込んだ。そして同時に、アマゾン盆地からの移住者によって持ち込まれたアラワク語を基礎とした言語も取り入れた。その結果として生じた民族は、主に漁業とプランテーン（料理用バナナ）やパイナップル、ココナッツ、キャッサバ（タピオカの原料）の栽培によって生きのびた。とくにキャッサバは、その名がガリフナ族の名前の由来となった。カリブ系の島民は、キャッサバ民族の「カリフナ（Karifuna）」人として知られており、のちにこの集団は「ガリフナ」の名で呼ばれるようになったのだが、文字通りの意味は「キャッサバを食べる人々」である。

ガリフナ族は繁栄し、17 世紀終わりごろに渡来したフランス人移住者とは平和に共存した。ところが、その後すぐにイギリス人が来たことで緊張状態がもたらされ、とうとう戦争が始まった。ガリフナ族は島から追い出され、まずはバリソー島へ、次はさらに西のホンジュラス沖のロアタン島に追いやられた。最終的にスペイン人の支援を受けて、彼らはホンジュラス本土へ渡り、カリブ海沿岸に沿って、南はニカラグアへ、北はグアテマラとベリーズへと分散し始めた。現在、ガリフナ族は中央アメリカに数十万人、そしてニューヨーク、ロサンゼルス、ヒューストン、シカゴのような主要都市に少数が暮らしていると推定されている。しかし、ガリフナ語の話者数は著しく少なく、常に減りつづけている。

ホンジュラスは依然として、ガリフナ語を第 1 言語とする話者、またはバイリンガルの話者がもっとも集中する地域である。一方、ベリーズでガリフナ語を話すのは人口の 5% 未満で、そのほとんどが高齢者である。ニカラグアにはガリフナ族にとって重要な定住地が 2 カ所あるにもかかわらず、実際にガリフナ語を話す者は、いるとしてもごくわずかだと思われる。

3 世紀以上前に、アフリカ人奴隷の大部分が自分たちの言語を手放して、主流だったアラワク語やカリブ語の影響を受けたように、ガリフナ族も社会的圧力に屈して、彼らが住む国において主流のスペイン語と英語を取り入れている。ホンジュラスのガリフナ族は自国の社会から著しく疎外され、彼らの文化を広めるべき政策はほとんど実施されていない。しかし、アメリカではしだいに、ガリフナ語を文化遺産としての言語として見るようになっており、ベリーズでもその影響を受けつつある状況である。

ベリーズではガリフナ族の音楽界の成長が、ガリフナ族の文化に対する若い世代の関心を喚起させる重要な役割を果たしてきた。そして独特なプンタ・ロックのサウンドは、ベリーズから遠く離れたニューヨークやロサンゼルスといった大都市の中心部にまで届いている。

結果として、このようなグループのあいだで、ガリフナ語の保護に向けての運動が高まりつつある。各地に暮らすガリフナ族の新たな世代が、保護手段を講じなければ自分たちの先祖の精神、言語、文化、歴史が永遠に失われると、気にかけるようになっている。

ガリフナ語

2009年、ユネスコはガリフナ語を、ガリフナの音楽と舞踊とともに、人類の口承および無形遺産とすると宣言した。

ガリフナ語は融合言語のようなものだと考えられる。アラワク語の言語体系にカリブ語の語彙とフランス語からの借用語と、紛れもないアフリカ的な発音が加わったものである。アフリカ的な発音については、英語やスペイン語、その他の言語による影響に長い間さらされるうちに薄らいできている。

歴史的に、カリブ語とアラワク語の混合は、性別によって異なるふたつの語彙を使い分ける男女間の会話にとてもよく表れた。つまり、男性と女性では同じひとつの名詞に異なる表現を使うことがよくあった。男性が使う名詞は主にカリブ語が起源で、女性と子供が使う名詞はアラワク語が起源である。しかしながら、この区別は大部分が日常的には使われなくなってきている。

現在、ほとんどのガリフナ人はカトリック教会の信者だが、ガリフナ族の伝統的な儀式を取り仕切るブエイ（buyei）と呼ばれるシャーマンも残っている。ガリフナ族にとってもっとも神聖な儀式ドゥグ（Dügü）は、親族に災いがたびたび起きたときにおこなわれる。その場合、親族全員が数日間集まって、魚を捕り、太鼓を打ち鳴らし、マリ（malí）という踊りを踊って、霊的、肉体的、そして社会的な調和の回復を図る。

下に紹介する歌は伝統的に日曜ミサと死者が出たときに歌われる。新たな人生の旅路につく故人を助けてくれるよう、神に頼む歌だ。

Termuja Nanigi Luagu Buweirigun O Bungiu, ubóu aduga baali,
Lun bíchugun sun katei buiti ñi, Barana, mua, labu liñu wubu,
Sun le badugun lau bújabu.

あなたの御業はなんと偉大であることか、おお、主よ、我が神よ、強い驚嘆の念を胸に、あなたの御手が創造してきたあらゆる世界について考えるとき、私には星が見え、とどろく雷鳴が聞こえる森羅万象に顕現するあなたの御力。

Koro: Teremuja nanigi buagu, Luagu sub buweirigun;
Teremuja nanigi buagu, Luagu sun buweirigun.
Darí numuti sun nugundan bidan, Amuru le adugabaaliwa,
Mateingiraguletina luagu,
Lubuidun le baraansejabei woun.

コーラス：ならば歌え、我が魂を、我が救いの神をあなたに、あなたの御業はなんと偉大であることか、あなたの御業はなんと偉大であることか。

ならば歌え、我が魂を、我が救いの神をあなたに、あなたの御業はなんと偉大であることか、あなたの御業はなんと偉大であることか。

林と森のなかの空き地を通り抜けながら私は感嘆し、そして森で鳥のさえずりを聞くときに；

高くそびえる山から雄大な景色を見下ろし、そして小川のせせらぎを聞き、そよ風を感じるときに。

語

adüga ba – おめでとう（直訳は「あなたはやり遂げた」）

buídu lá buweyasu – よい旅を

bungíu bún – 神のご加護がありますように
（誰かがくしゃみをしたときに）

weyu – 太陽

gunubu – 雨

garabei – 風

watu – 火

duna – 水

seremei – ありがとう

数

曜日や数のような基本語の多くは、フランス語の強い影響を示している：

フランス語	ガリフナ語	日本語
un	aban	1
deux	biñá	2
trois	ürüwa	3
quatre	gádürü	4
cinq	seingü	5
six	sisi	6
sept	sedü	7
huit	widü	8
neuf	nefu	9
dix	dîsi	10
onze	ûnsu	11
douze	dûsu	12

ミクマク語 Micmac

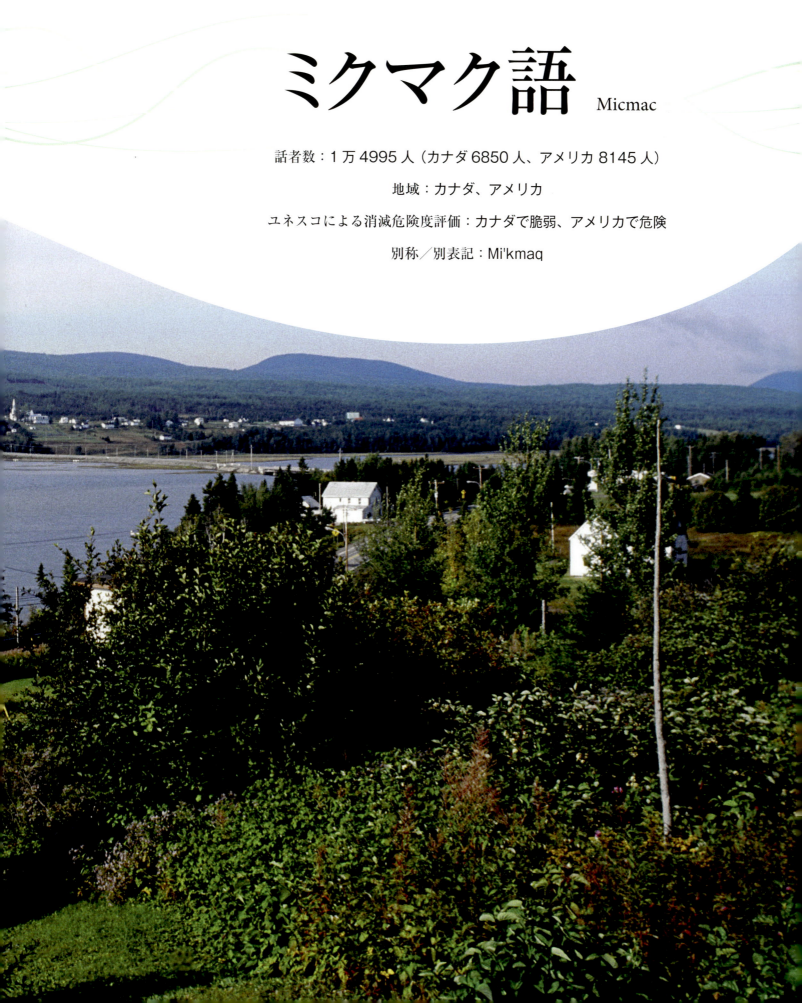

話者数：1万4995人（カナダ6850人、アメリカ8145人）

地域：カナダ、アメリカ

ユネスコによる消滅危険度評価：カナダで脆弱、アメリカで危険

別称／別表記：Mi'kmaq

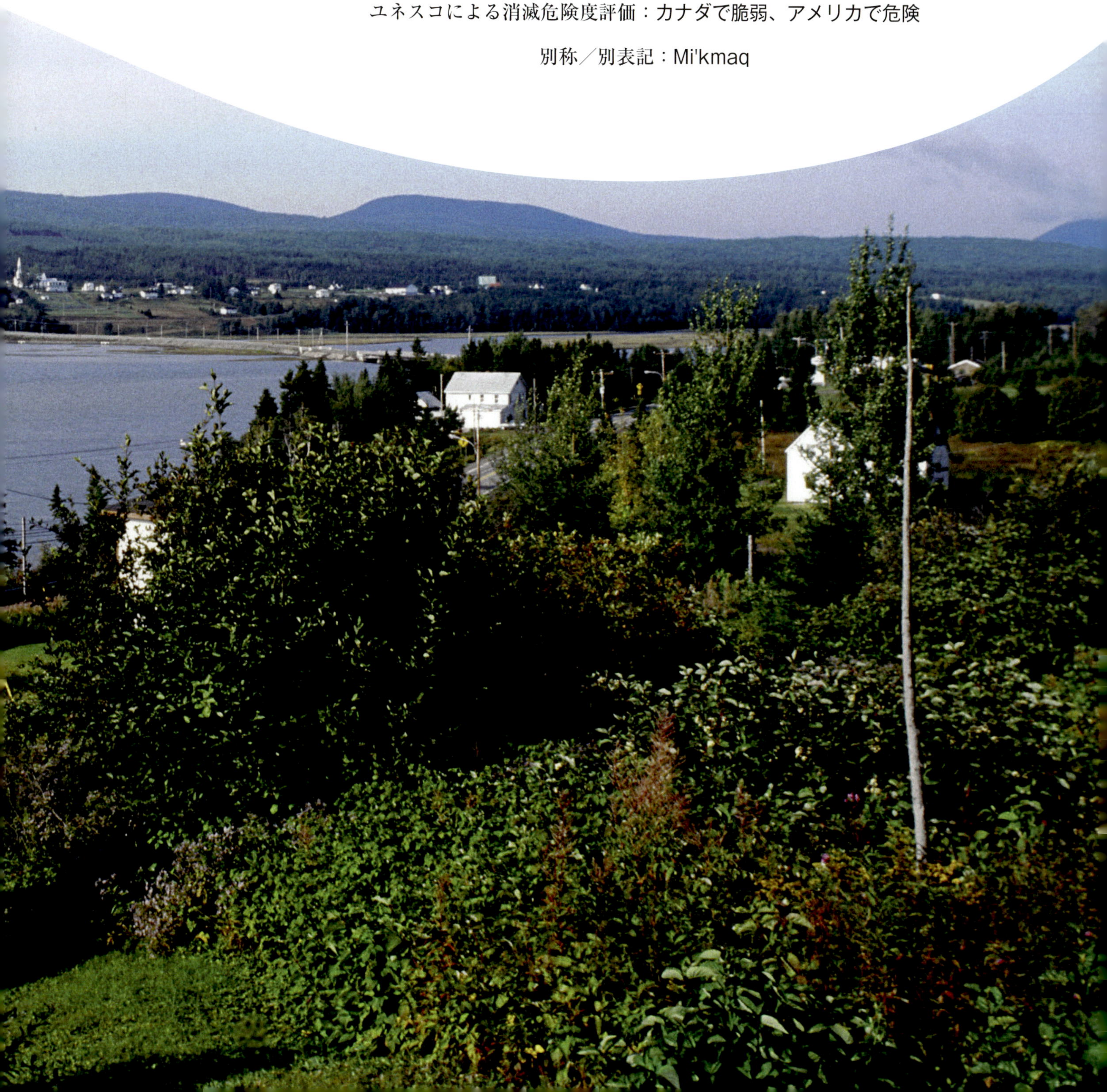

ミクマク族は主に北米大陸の極東部に住むアメリカ先住民である。歴史的にノヴァスコシア州とプリンス・エドワード島全域と、カナダ東岸に位置するケベック、ニューブランズウィック、ニューファンドランド各州の一部、そして国境を越えたアメリカのメイン州の大部分を占めていた。今日でも、彼らの地理的な広がりは同様であるが、人口はかなり減っている。

そもそもミクマク族は、約500年前にヨーロッパ人と初めて接触するよりずっと前に、西部からやって来て、新たな本拠地に住み着いたと考えられている。当時の彼らは半放浪的な民で、狩猟と採集の生活を送り、季節ごとに変わる資源に合わせて移動した。夏は沿岸部でアザラシやセイウチ、クジラなどの海洋生物を捕り、冬には内陸へ移動してトナカイとヘラジカを狩り、湖や川でウナギなどの淡水生物を捕った。

ミクマク族はカバノキの樹皮で作られた、水上で使用するカヌーで大変有名だった。そのカヌーによく見られる側面中央が曲線的に高くなった様式は、ミクマク族特有のものである。実のところ、依然としてカヌーはミクマク族の多くの人々の日常生活に役立っているが、今日では自分用にカバノキの樹皮で作る者はほとんどいない。

ミクマク族は初期のヨーロッパからの入植者たちと毛皮の交易で栄えた。初めのうちは彼らと仲良く暮らしていたが、それは17世紀と18世紀にイギリス人とフランス人の間で植民地戦争が起きるまでのことだった。75年間戦ったのち、1761年に平和は回復したが、ミクマクと入植者たちとの対立は再燃した。というのも、土地の権利をめぐる協定の解釈にかなりの相違があることが明らかになったからだ。それから何年もミクマク族は先祖代々の土地を耕作する権利のために戦ったが、成功の度合いはさまざまだった。

条約の調印により、多くの保留地（ほりゅうち）ができ、ミクマク族の大部分が今日もそこに住んでいるが、比較的孤立した環境であるにもかかわらず、部族の言語の使用は急速に減りつつある。ミクマク族の総人口3万人のうちおよそ半数は、部族固有言語の運用能力がまったくなく、残りの1万5000人はほぼバイリンガルまたはミクマク語を第2言語として話す。事実上、ミクマク語しか話さない者はひとりも残っていない。

過去1世紀に渡り、ミクマク族は主流社会が使う英語とフランス語を身に着けようと、意識的に努力した。政府はそれを後押しし、彼らに母語（ぼご）を捨てるよう奨励した。マスコミ、出版物、映画、音楽など、いたるところに英語が存在する状況では、話者数の減少スピードは日々加速している。

各国の政府と第三者機関は今になって、言語は文化的アイデンティティにおいて重要な一部であると認識しつつある。話者減少の流れを食い止めるべく、カナダとアメリカの関係機関は手段を講じている。保留地の若者たちに母語の学習を奨励し、ミクマク族自身はメディアを利用して、部族の物語やニュース、文化、言語を伝えている。独特な象形（しょうけい）文字で書かれた文章をもつミクマク語は、独自の書記法をもつごく少数の先住民族言語のひとつだった。そのような進歩的な言語が今後何世代にも渡って繁栄しつづけるために、今では新しいメディアの力を利用しているのも当然のように思える。

ミクマク語

異文化との接触以前、ミクマク族は樹皮や動物の皮や石に象形文字を刻んだ。ノヴァスコシア州のケジムクジク国立公園で見つかった一連の岩石線画からは、昔のミクマク族の生活がわかる。

ミクマク族の神話は豊富にあり、民間伝承の大半はクルスカップ（Kluskap）または キスルクゥ（Kisúlkw）を意味する、たくさんの魔力を持つ「創造主」に話が集中している。シャーマンであるプオイン（Puoin）は、あらゆる病の治療者であり、精霊の世界を人々に説明する責任を持った。

ミクマク族は伝統的に、人、動物、太陽、川、そして岩にさえも魂があり、この世と精霊界との間には出入口があると信じた。実は、この出入口とは実在の場所、ノヴァスコシア州ファンディ湾岸に位置するスプリット岬である。

八陵星（はちりょうせい）はミクマク族の標章である。白、黄、赤、黒の色は、大地の中心から生じた4集団の人々を表す。各集団は成し遂げるべき任務を負って、それぞれ東西南北へ送られた。

wapék – 白

wisawék – 黄

mekwék – 赤

ewnék – 青

語

「トボガン（toboggan）」という語は、ミクマク語の手で引くソリを指す語に由来する。また、「カリブー（caribou）」は、「前足で掻くもの」を意味する xalibu または qalipu に由来する。

Na'gu'set – 太陽

Ugs'tqamu – 大地

Tpkunset – 月

Samqwan – 水

Jínm – 男

Épit – 女

ミクマク族の言葉はとても簡潔で、わずかな文字数でひとつの句全体を伝えることができる：

Boosenech –
カヌーで水面を渡る旅をしよう

Nesoogwitk –
注ぐ川の間に横たわる土地の突端

Seboo – 川

Ukcheseeboo – 大きな川

数

ミクマク語にはフランス語からの借用語もたくさんある：

フランス語	ミクマク語	日本語
l'assiette	asiet	皿
la soupe	lasup	スープ
la crème	laclem	クリーム
ma poche	mapos	ポケット
à la messe	alame's	ミサ
adieu	atiu	さようなら
la prison	lapulusan	刑務所

newt – 1

ta'pu – 2

si'st – 3

ne'w – 4

na'n – 5

as'gom – 6

lluigneg – 7

ugumuljin – 8

pesgunateg – 9

ne'wtisga'q – 10

tapuisga'q jel ugumuljin – 28（文字通りには「20と8」の意）

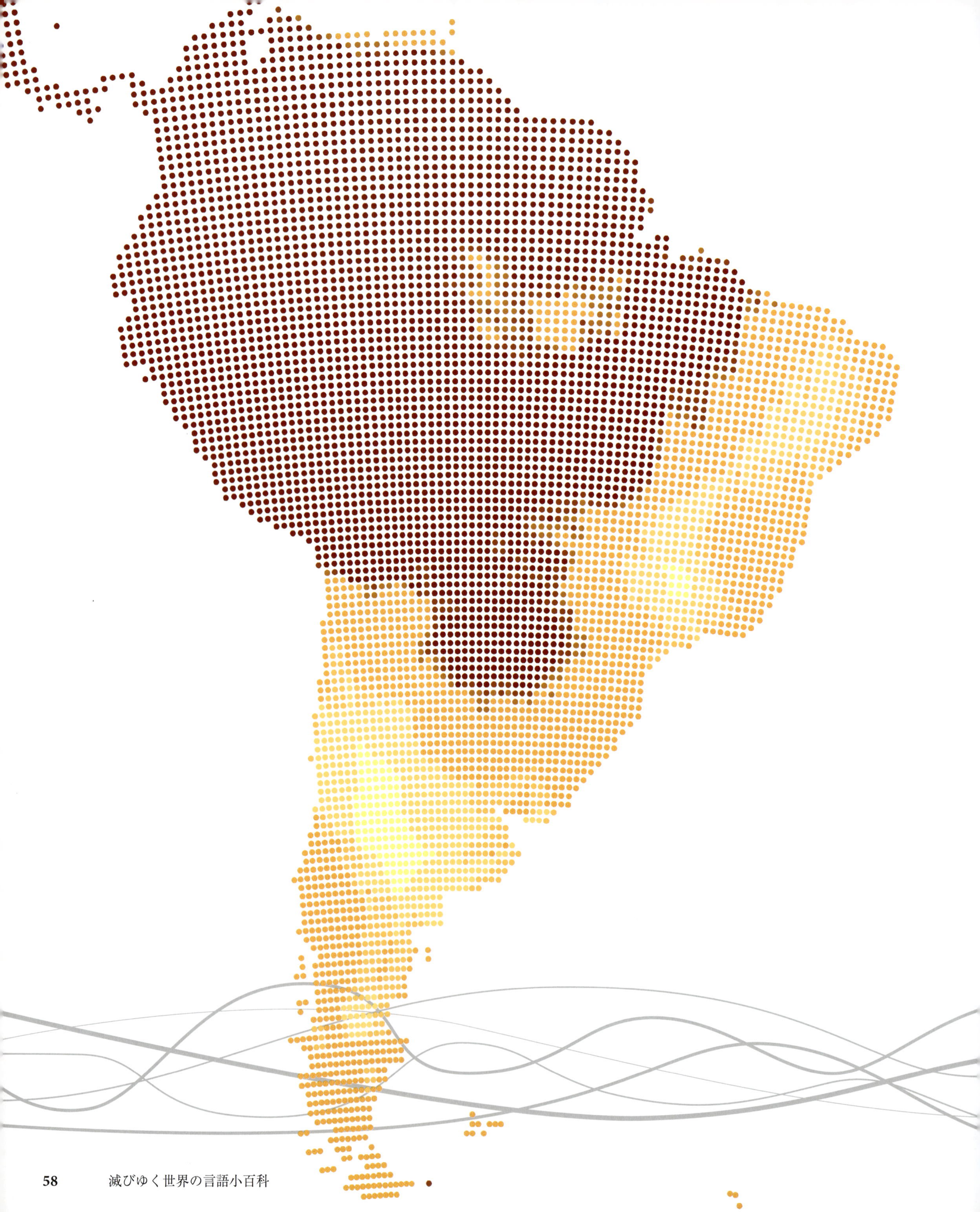

南アメリカの言語

南アメリカ本土には12の主権国家とひとつの属領があり、全体で約3億8500万人の人口を抱えている。このうち大多数がスペイン語またはポルトガル語を話す。その比率はだいたい半々であり、ヨーロッパによる植民地化がこの大陸に多大な影響を与えたことを今に伝えている。

ラテン系言語の普及にもかかわらず、南アメリカはいまだに世界でもっとも言語的多様性をもつ地域のひとつである。オランダ語はスリナムの、フランス語はフランス領ギアナの公用語である一方で、少数派のヒンドゥー語、ジャワ語、イタリア語、ドイツ語、ウェールズ語、クロアチア語、ポーランド語、ロシア語、日本語、アラビア語、英語の話者コミュニティが大陸各地で見られる。しかしながら、南アメリカの非スペイン語と非ポルトガル語の話者の大半を占めるのは、先住民言語の話者と数百万人を越えるバイリンガルだ。

南アメリカには1万2500年以上ものあいだ、人類が存在してきたことを示す証拠が存在する。彼らの起源は立証されていないが、初期の定住者はシベリアからベーリング海峡を通って北アメリカに渡り、中央アメリカの細長い地峡部を南下してきたと思われる。こうした移民の波は何度かに及び、人々が南アメリカ大陸に定住した。それ以来、多くの部族と移住地の発展、混合、孤立によって、数千とはいかないまでも、数百もの異なる土着言語が発達してきた。

現在、南アメリカ大陸全体で約400の土着言語が話されており、話者数は20人未満から1000万人超までにわたる。そして南アメリカで話されていた他の多くの言語はすでに消滅した。

南アメリカ大陸で話される言語のなかには、互いに関連が見られないものがある一方で、形態論的、統語論的な特徴を共有する言語もあり、後者は語族に分類される。そのひとつのマクロ・チブチャ大語族は、中央アメリカと南アメリカの間をおよそ40の言語で結び、ニカラグアからエクアドルまでの40万人を越える人々に話されている。また、アラワク語族には50を越える言語があり、主にブラジルとともにコロンビア、ベネズエラ、ガイアナ、スリナムで話されている。

いくつかの言語グループのなかには、カリブ語族のように2万2000人しかいない話者を、約50の異なる言語で分け合っているものもある。それとは対照的に、インカ人の古い言語であるケチュア語は、それのみを話す話者またはバイリンガルの話者は1000万人以上おり、その居住域はアンデス山脈および大陸西部と広範囲にわたる。

言語の多様性が大きければ、消滅率も高くなる。それは当然の現象だが、南アメリカでは数世紀にわたる戦争や伝染病、政治的抑圧、経済的搾取が消滅に拍車をかけた。

南アメリカ大陸の広い範囲で先住民言語のほぼ大半が失われてきており、残った多くの言語も急速に衰退している。いまや、話者があまりに少ないために次世代まで生き残れそうもない言語もあれば、広範囲で使われているにもかかわらず、脅威にさらされているものもある。

衰退のスピードは国や言語によって大きく異なる。先住民言語の保護と奨励の必要性にすでにきちんと気づいた国や文化がある一方で、まだ大きく後れを取っている国や文化もある。

パラグアイのグアラニ語は南アメリカで唯一の主流派先住民言語である。17 世紀と 18 世紀にイエズス会士によって広く伝道に使われ、パラグアイの文化や国民性と完全に融合した。スペイン語とともに公用語として認められ、人口のほぼすべてが使っている。その結果、両言語には用語のレベルを問わず、相互に借用した語が膨大に存在する。

パラグアイの状況とまったく対照的なのが、南アメリカ大陸のその他の国々だ。ボリビアでは人口 800 万人のうち半数以上が先住民族のコミュニティに帰属し、さらにその約 50%がケチュア族である。この国が多民族と多言語から成ることは、憲法によって認められ、2 言語を併用する地域では、2 言語による学校教育が義務化されている。ボリビアは、主要な先住民言語であるケチュア語とアイマラ語を公共の場やラジオ、テレビで日常的に使用、促進しているが、そのような国は南アメリカではごくわずかしかない。こうした活動が言語の存続に大きく貢献する一方で、地方と都市間の移動の増加に伴う、社会的および経済的格差は、依然として長期的な言語の生き残りに対する懸念材料である。

コロンビア、ペルー、チリ、アルゼンチンを含むいくつかの国々は、各地域で話される1つ、またはそれ以上の先住民言語を公用語として認めている。しかしながら、どの法律に従うか、どの社会プログラムを実行するかは、かなりばらつきがある。エクアドルには、ケチュア語族の諸語を含む13の先住民言語があるが、積極的な保護政策はほとんど実施されていないため、すべてが危機に瀕している。大陸の反対側、東岸部の言語はすでにほぼすべてが痕跡もなく消滅した。

ベネズエラには、約30の先住民言語が生き残っており、その中には南アメリカ大陸でもっとも成長力が高い土着言語、ワユウ語が含まれる。ワユウ語の大部分はアマゾン川流域で話されており、話者数はかなり少ないにもかかわらず、地理的に孤立しているおかげで、宗教や政治、観光産業、主要資源の採掘による圧力を長らく受けずにきた。だが、ほかの地域では、鉱物採掘や土地開発、政府の事業によって、昔ながらの民族が暮らす、壊れやすい自然環境が永遠に変わろうとしている——固有の文化的、言語的遺産とともにである。

ブラジルは南アメリカのあらゆる国のなかで、先住民言語の数がもっとも多いが、話者の数はもっとも少ないとも考えられている。ブラジル最大の先住民言語グループであるティクナ語は、ブラジルの地に暮らす話者が3万人に満たず、その他の言語、たとえばチョロテ語、カビシ語、グアトー語などは、合計で1000人未満である。これら先住民言語グループは少数派であるにもかかわらず、ブラジルは建設的かつ進歩的な取り組みで彼らの個性的な言語を詳細に記録し、振興してきた。そのおかげで、それぞれの文化的アイデンティティと伝統の保護に関しては貴重な前進を遂げた。

当然のことながら、南アメリカ土着の言語と、スペインとポルトガルからの入植者たちが話すインド・ヨーロッパ系の諸言語の間には、たくさんの借用語がある。アラワク語族のひとつ、タイノ語は、スペイン人がもっとも早く接触した言語であり、canue（カヌー）、cacique（酋長）、maize（トウモロコシ）、tabacco（タバコ）を含め、この言語に由来する有名な借用語のいくつかは、今度は主流派である英語に取り込まれていった。さらに多くの借用語が、ケチュア語からスペイン語へ、ブラジルの先住民言語からポルトガル語へと取り込まれ、また、その逆もあった。ケチュア語とアイマラ語の間でも、かなり多くの借用語がある。これは、アンデス高原に暮らすそれぞれの言語の話者が交流したことによるものだ。

16世紀以来、宣教師、人類学者、言語学者らがこれらの言語を詳細に記録しようと努めてきた。1560年、南アメリカの言語初となる、ケチュア語の文法書が書かれ、さらに多くの文法書がそれに続いた。南アメリカの言語の表記にはラテン文字が使われたが、その正書法は著者の母語の方式にならって作られた。その結果、多くの正書法で、言語本来の音声的特徴とはずいぶん違う表記があてられている。ひとつの言語に複数の正書法が用いられる場合があるため、役人と先住民の間で、または、先住民内部でさえも、紛争の種になっている。

これら土着言語の文字資料作成と記録化は、学者や関係当局だけでなく、先住民族によっても試みられ、この数十年間で著しく増加を示してきた。それにもかかわらず、なおも跡形もなく消滅してゆく言語もあれば、研究もされないまま、足跡をたどることがひじょうに困難になっている言語もある。

南アメリカの土着言語に対する脅威は深刻だ。2言語併用の促進や、先住民集団独特の文化的特徴の保護のために、多くのプログラムが実施されてきた。しかし、経済的、社会的圧力によって、地方から都心部への移住が急速に進みつづけている。

その代償として、先住民は故郷と伝統から切り離され、都会という新たな環境の社会的、精神的な装いに、より見合った言語を使うようになる。グアラニ語やアイマラ語のような大規模な先住民言語へ移行する者がいる一方で、より多くの人々は、スペイン語またはポルトガル語を唯一の言語として選び、先住民としてのルーツに完全に背を向けて、文化的アイデンティティを永遠に捨て去るのである。

アイマラ語 Aymara

話者数：200 万人

地域：ボリビア、ペルー、チリ北部、アルゼンチンの一部

ユネスコによる消滅危険度評価：脆弱

別称／別表記：Aimara、ハケ・アル語、南部アイマラ語

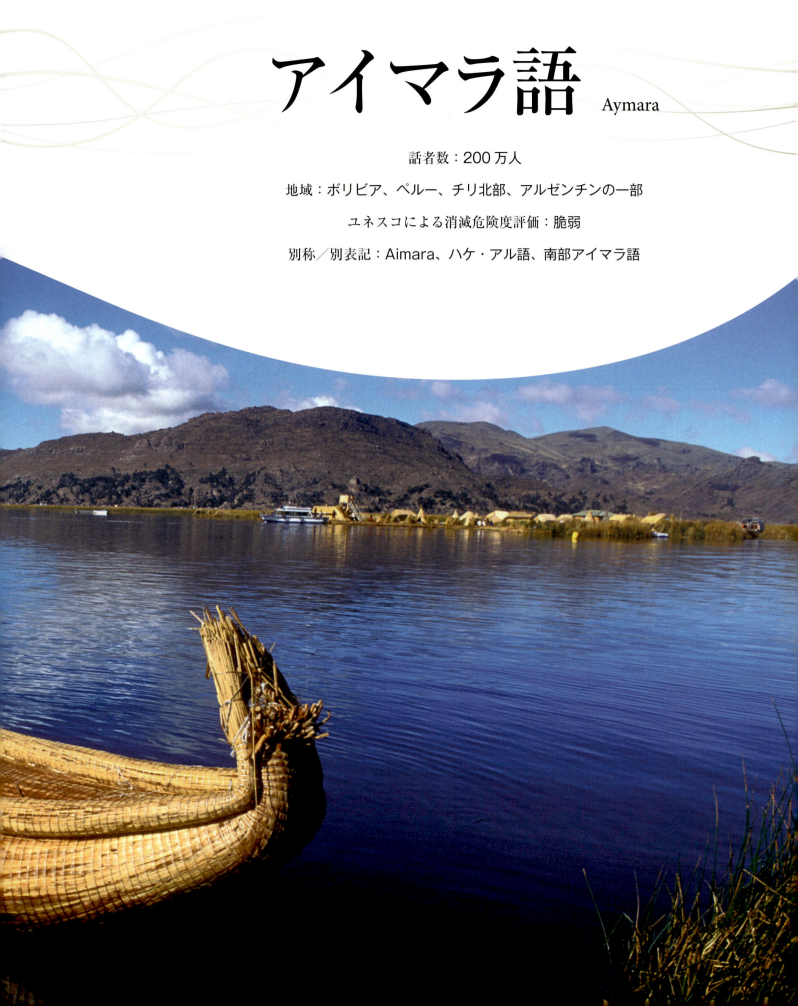

アイマラ語は、南アメリカで暮らす約200万人によって話される先住民言語である。アイマラ語の話者の大部分は、地上でもっとも険しい高原地帯であるアルチプラノ（スペイン語で「高原」）または、その周辺で暮らす。

アイマラ語はハケ語族の系統である。このほかにハケ語族で現存するのはわずか2言語であり、話者数は合わせて3000人に満たない。長年、アイマラ語と、アンデス地方の言語であるケチュア語は同じ起源をもつと広く信じられていたが、新たな研究から、そうではない可能性が示された。この2つの言語には多くの類似点はあるが、それは共通の起源をもつからというよりは、長期にわたる相互作用の結果という可能性が高い。それにもかかわらず、多くの言語学者が、アイマラ語とケチュア語をまとめて、ケチュマラ大語族と呼びつづけている。

ボリビアには約150万人のアイマラ語話者がおり、その分布はペルー国境からラパス、オルロ、スクレ、コチャバンバ、ポトシまでと広範囲に及ぶ。さらにペルーには45万人の話者が暮らし、その大半がアルチプラノ地域のチチカカ湖周辺に集中している——実は、この湖の名前は、地元のアイマラ族がグレー・キャット（titiは「ネコ」を、qaqaは「灰色」を意味する）と呼んだことに由来する。チリ北部とアルゼンチンのごく一部、特にブエノスアイレ周辺にも、アイマラ語を話す人々がいる。方言による違いはあるが、さほど大きな差異はなく、すべての方言は相互に理解可能である。

アイマラ族が暮らす伝統的な村落は、大半が住むには適さない高地の環境にあり、人々は農業で生計を立てている。インカ人による支配、スペインの征服者たちの到来、そして今日の近代化の流れは、アイマラ族の社会的、文化的、言語的アイデンティティに大打撃を与えた。

ボリビアでは、アイマラ語はスペイン語とケチュア語とともに、公用語となっている。一方、ペルーでは、特定の地域内で話される少数派言語と認識されている。両国では近年、アイマラ語の保護と奨励のため、バイリンガル教育や政治的な声明、放送、出版物を通して、顕著な努力をしている。ボリビアでは、広い地理的範囲で、人口のかなり高い割合によって話されている事実も手伝って、そうした努力が好影響をもたらしている。しかしながら、スペイン語のみならずケチュア語にも押されつつあり、アイマラ語の話者全体の数は依然として減少しつつある。

ペルーにおけるアイマラ語に対する脅威は、より切迫している。その原因は、社会的、経済的な圧力だ。ペルーではアイマラ語の話者の割合が低いこと、そして彼らの文化や地理的な環境が少なからず影響し、彼らが社会からえんえんと置き去りにされる一因となっている。アイマラ語が「下層階級の」田舎じみた言語として見られつづけているのに対し、スペイン語は「上流階級の」都会的な洗練された言語とされる。都会で暮らすようになった人々は、アイマラ族の出身であることを明かすより、隠そうという思いに駆られる。

バイリンガル教育に対して、州の予算や組織的な支援は増えているにもかかわらず、多くのアイマラ族は、もはやそれでは解決しないと感じている。特に都市部では、アイマラ族の社会的地位の低さを克服できないと考える人々が、ペルーの主流社会になおも存在する偏見を次世代が克服する助けとなるように、むしろスペイン語でのより良い教育を必要としている。地方に暮らすアイマラ族は、依然として自分たちの言語と文化に強い誇りをもっているが、そうした地域でも、最終的には社会の変化という容赦ない力に犠牲を強いられることは避けられないだろう。

アイマラ語

アイマラ語の文字は、もともと記号の寄せ集めで、主に人や物を象徴する絵を動物の皮に植物や鉱物の顔料を使って書いたものだった。16世紀、スペイン人の到来によって、動物の皮は紙に変わり、スペイン語の影響下でラテン語のアルファベットも採用された。1984年、ボリビア政府は新たに公式なアルファベットを導入した。それはアイマラ語公式アルファベットとして知られ、1985年にはペルーでも採用された。そのアルファベットは、3つの母音と、26の子音、母音の長さを示すウムラウト記号で構成される。

アイマラ語は接尾辞を付ける言語であり、動詞、名詞、副詞の語根で形成される。アイマラ族は弁舌に長けており、多くの接尾辞をふんだんに使うことが、アイマラ族の社会では高く評価される。説得や提案、間接的な表現、あらゆる種類の微妙なニュアンスを伝えるための、複雑な言語の使用も同様である。

反対に、アイマラ語では抑揚はあまり重要ではなく、統語的接尾辞が、疑問や感嘆、その他の感情表現を示す役割を果たす。

動詞の特徴は、時制、叙法、主語、目的語に関する、200種類を越える統語的接尾辞であり、語根と接尾辞の組み合わせはほぼ無限にある。アイマラ語で書かれた次の文章は、ひとつの単語でできており、動詞として始まって名詞になり、再び動詞として終わる：

Aruskipasipxañanakasakipunirakïspawa
私にわかるのは、私たちが互いに連絡を取り合うことが望ましいということだ

アイマラ族の時の認識は、スペイン語や英語、その他の言語の話者とは逆である。アイマラ族は過去は自分たちの前方にあると考える。すなわち、過去は知っているから見ることができる。一方、未来は背後にある。すなわち、まだ知らないので見ることはできないからである。

q"ipüru（明日）は、**q"ipa**（背後）と **uru**（日）という語でできている――文字通りの意味は、「人の背後にある日」である。この語はしばしば、その話者の後ろを指し示す身振りを伴う。

Nayra mara ―― 去年（文字通りの訳は「前方の年」）

次はとても有名なアイマラ語の格言である：

Uñjasaw <<uñjt>> sañax,
jan uñjasax janiw ≤≤uñjt≥≥ sañâkiti.

見たことがあるならば、「私は見たことがある」と言ってもよいが、
見たことがなければ、「私は見たことがある」と言ってはならない。

語

スペイン語を起源とする多くの語が、音韻論的に、形態論的に、統語論的に、完全にアイマラ語化されてきたが、それを使う人々はスペイン語起源であることに気づいていない：

スペイン語	アイマラ語	日本語
alcohol	alkula	アルコール
antes	antisa	の前に
cajón	kajuna	引き出し
lapis	lapisa	石
lunes	lunisa	月曜日
cosecha	kujicha	収穫
arroz	arusa	米
Buenos días	winus tiyas	おはよう
buenas tardes	winas tartis	こんにちは
Océano Pacífico	Pasifiku Usiyana	太平洋
Bolivia	Waliwya	ボリビア

名詞を繰り返すと、新たな集合名詞（単数名詞）になる：

qala – 石

qala qala – 石だらけの土地

句

Tint sarasktasa: asukaray mayt'aniwayam

あなたはその店に行くのだから、砂糖を持ってきてください

（"azucar" はスペイン語からの借用語であることに注目）

Akax suma ch'iyar laq'asä

この土壌はなんて肥沃なのだろう！

Juspaxar tiyu

神の報いがありますように、叔父さん！

数

maya – 1

paya – 2

kimsa – 3

pusi – 4

phisqa – 5

suxta – 6

paqallqu – 7

kimsaqallqu – 8

llantunka – 9

tunka – 10

ワラオ語 Warao

話者数：2 万 5000 人

地域：ベネズエラ、ガイアナ

ユネスコによる消滅危険度評価：危険

別称／別表記：グアラノ語、グアラオ語、ワラウ語

ワラオ語は、人口約2万5000人の先住民であるワラオ族の母語(ほご)である。彼らの大部分はベネズエラのオリノコ・デルタに住んでおり、ガイアナ西部とスリナムでは小さなコミュニティで暮らしている。

深い森林に覆われた島々と湿地帯、そして湖沼から成る2万5900平方キロメートル以上に及ぶ面積を占めるオリノコ・デルタは、徒歩で進むのが難しいため、ワラオ族はカヌーを主な移動手段として使う。実際、「ワラオ（Warao）」という言葉を翻訳すると「船上生活者」となる。これは、この部族と河川との切り離しがたいつながりに由来する。

ワラオ族は250以上の親族集団から成る。彼らが住む家は、水上に高く突き出した支柱の上に建てられた、パラフィート（palafoitos）という特徴的な木造家屋である。彼らは腕のいい職人で、周囲のうっそうとした熱帯雨林で手に入る材料から、家や乗り物、基本的な家財道具をとても上手に作りあげる。はるか昔から、漁、狩猟、採集、そしてより組織的な農作物の栽培によって必要最低限の生活を送ってきた。

ワラオ族は信仰心に篤く、強いシャーマニズムの伝統がある。音楽は、ウィジラティ（wisiraty）、バハナロトゥ（bahanarotu）、ホアロトゥ（hoarotu）というシャーマンたちが執り行う儀礼から、生き生きとして、ユーモアがあり、しばしば呪術的な洞察力を与えるような、代々受け継がれている音楽的な語りに至るまで、彼らの生活には不可欠だ。伝統的に、歌は言語習得における重要な道具であり、ワラオ族の信仰と日頃の行いに関する教養を身に着けさせるにはうってつけの媒体として、使われてきた。

約8000年ものあいだ、オリノコ川の岸辺で暮らしてきたワラオ族は、スペイン人入植者による影響をほとんど受けず、何世紀も現代世界に触れないままだった。外部の力が自分たちの社会と文化に影響を与えていることを実感したのは、1920年代になってからのことだった。

1922年、スペインのカプチン修道会の大勢の宣教師たちが、ベネズエラ政府と協定を結び、オリノコ川流域のほとんどを支配した。この協定では、デルタ地帯での全寮制神学校の設立が認められた。これはワラオ族の教育を促進する一方で、部族内での母語喪失という結果をもたらした。

そのあいだにも、製材所や稲作農家、高価なヤシの花芯(かしん)の生産業を含む、その他の産業が根付き始めた。最近になって、この地域はこの国における石油生産の重要拠点となっている。これらの活動は経済成長をもたらしてきたが、富の大部分は依然として、先住民以外の住民が握ったままだ。ワラオ族は今や、微妙に均衡を保っている自分たちの生活環境と伝統文化に対する産業の影響を実感している。

近年、ベネズエラでは先住民の権利向上のために、多くの取り組みがおこなわれ、程度はさまざまだが成果を上げている。社会支援プログラムが導入され、数多くの識字能力向上プロジェクトが実施されてきたが、それではまだ不十分だと感じる人が多い。

ベネズエラのワラオ族の多くは、民族の文化をかたくなに守る共同体のなかで暮らし続けてはいるが、現在、彼らの約半数はワラオ語とスペイン語の2言語を話す。こうした地域を離れ、とりわけキリスト教系学校の周辺やデルタ地帯の大都市中心部では、スペイン語しか話せない者が増えている。

ワラオ語は書く伝統をもたない口頭言語であるため、その文化とのつながりがひじょうに密接である。言語、知識、信仰は、日常生活を通して、伝統的に世代から次の世代へと受け継がれてきた。ワラオ族は自分たちの言語と文化が危機に瀕しているという事実に気づき始め、なかには、言語学者や人類学者とともに、多くの神話や伝説を文学資料として記録し始めた者もいる。ワラオ語を守るために積極的な方策がとられているが、アメリカ先住民の言語の大部分と同じように、ワラオ語の未来は安泰というには程遠い。

ワラオ語

ワラオ語の数の数え方は、5が基礎になっている。これは他のアメリカ先住民文化にも共通する文化的特色で、スペイン人入植者が使う10進法とは大きく異なる。この5進法は20を1周期とするなかで使われる。この20という数は、ワラオ族が数えるときに使う手と足の指の数、1人分だ。20はワラオ語でwarao isakaだが、これを文字通りに訳すと「1人のワラオ人」である。

isaka – 1
manamo – 2
dijanamo – 3
orabakaya – 4
mojabasi – 5
mojomatana isaka – 6
mojomatana manamo – 7
mojomatana dijamo – 8
mojomatana orabakaya – 9
mojoreko – 10
warao isaka – 20（1人のワラオ人には手指10本と足指10本があるので、1ワラオ人＝20となる）

句

Katuketi? – ごきげんはいかが？（物事の）様子はどう？

見込まれる返答：**yakera** – 良好です
yakera guito – とても良好です
yakera sabuka – まあまあ良好です
asida – よくないです

ワラオ語の語順は、O（目的語）S（主語）V（動詞）と独特だ。たいていは動詞が最後にくる：

Erike hube abun – 蛇がエンリケを嚙んだ
（文字通りに訳すと、「エンリケ蛇によって嚙まれた」）

Arukobo ine obono –
私はキャッサバが欲しい

Ajabara warao a tida manamo –
最初のワラオ人には２人の妻がいた

Ine Warao – 私はワラオ人だ（文字通りには「私ワラオ人」）

語

oriki – 怒り
atabu – 矢
ataihase – 攻撃
araka – 子供
nao – 来る

kuku – 覆う
hoa – 罵る
misi – 悪魔
hobi – 飲む
hota – 大地

nook – 聞く
o-kera – 光
waniku – 月
haka – 風
arao – 男

ナハナムとは、この部族の最高位の精霊のひとつに捧げる儀礼である。

Nahanamu abaya. Tamaha abaya, ayawarana araisa. Ayawarana ariana, orabakaya, mohabasi.

彼らはナハナムの容器を並べる。この籠も別の籠も満杯だ。彼らは３つめの籠をいっぱいにし、４つめ、５つめもそうする。

Mate ahabara nahanamu namuyaha, nahanamu namuyaha. Tai mate oriwakawituana, oriwaka ahotana abayaha.

まず、あなたは容器の土台、つまり儀礼の下地を作る。これは本当の祭儀ではなく、祭礼全体の始まりである。

Kanahanamu tane boroki, nahuruki, kokotuka, oko ayawarana mite tai, mohoreko aria mohabasi. Yakara takore warao hisaka.

私たちはこうして祭礼のためにサゴヤシの木を伐り、それをオオミテングヤシ用の手斧で削り、たくさん削り、とうとう 15 個の籠がふちまでいっぱいになる。20 個がいっぱいになれば申し分ない。

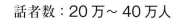

マプドゥング語 Mapudungun

話者数：20 万～ 40 万人

地域：チリ、アルゼンチン

ユネスコによる消滅危険度評価：危険

別称／別表記：マプチェ語、アラウカノ語

マプドゥング語は、チリ中部の南側とアルゼンチンのパタゴニア地方のマプドゥング族が話す先住民言語である。先住民の単語で「土地」または「大地」を意味する「マプ（mapu）」と、「話し言葉」または「話す」を意味する「ドゥング（dungu）」に由来し、「大地の言葉」の意味である。

マプドゥング語は孤立言語と考えられているが、ケチュア語、アイマラ語、マヤ語、アラワク語族との関連が示唆されてきた。マプドゥング語には多くの方言があり、それらすべての間で互いに理解可能である。

1541年にスペイン人が渡来する以前は、現在のチリ中部の大部分を占める広い地域に、約200万人のマプチェ族が住んでいた。彼らは1000以上の個別の集団から成り、中央集権的な権力はなかったものの、独特な文化的アイデンティティ、社会組織、言語、宗教をもっていた。支配をもくろむインカ人に長く抵抗したこれらの集団は、強い一体感を共有し、強力で名高い戦士としてもよく知られていた。

その経験が大いに役立ったのは、スペインによる植民地化に反対するために集結したときだった。長期に渡る血なまぐさい衝突で、両者ともに多くの命を失ったにもかかわらず、マプチェ族は南アメリカ大陸で唯一、スペイン帝国に主権を認めさせた先住民となった。彼らは自治を守り続けたが、19世紀初め、スペインからの独立によりチリ共和国が誕生すると、それに伴って実施された厳しい同化政策によって、先住民であるマプチェ族は重大な影響をこうむることとなった。

同化政策はマプチェ族に大きな打撃を与えた。現在、チリにおけるマプドゥング語の話者は推定20万人から40万人であるが、日常的に母語を使用する者は、その20%未満である。

マプチェ族は、チリに暮らす先住民の80%以上を占めるが、これは全国民人口の5%に満たず、強い勢力というには程遠い。彼らの言語は、もっと規模の大きい先住民グループに比べ、同程度の文化的保護と助成を受けていない。この状況に輪をかけているのが、マプチェ族が直面する政治的、社会的、経済的、法律的な問題である。

土地の所有権と天然資源をめぐる争いが続いたために、多くのマプチェ族は一層の経済的安定を求めて、都市へ向かった。いまや民族の約50%がサンティアゴに居住しており、そのことが、マプチェ族を南北アメリカ大陸のなかでもっとも都会人化した先住民のひとつにしている。都市のなかでは、スペイン語を話す主流派社会の中で少数派でいることの難しさに対処するうちに、彼らの共同体としてのアイデンティティは徐々に薄らぎつつある。現在、マプチェ族の多くは家庭でマプドゥング語を話さずに育ち、教育制度は文化的統一を重視しており、マプチェ族文化の保護や奨励を促す方策はほとんど実施されていない。

マプドゥング語は伝統的に、世代から世代へと受け継がれてきた口頭言語である。言語学者、政府機関、そしてマプチェ族自身も、長年に渡っていくつかの正書法を提示してきたが、いずれもラテン文字を使用していた。最近では、7、8種類の正書法が使われているが、それらの差異は大きく、今日にいたるまで、どの正書法を使うべきかはまだ意見が一致していない。これはマプチェ族の言語がさまざまな影響を受けていることの反映であると同時に、それ自体がさらなる対立の種になるだろう。

マプチェ族の問題に対する解決策を見出すべく、何年ものあいだ新たな提案が成されてきた。マプチェ族が模索するのは、自分たちの文化とアイデンティティを保持でき、なおかつ、チリ人としての同質な組織の不可欠な一員としてとどまり続けるべく、公平で実行可能な解決策である。彼らの文化と言語が永久に損なわれるまえに、早急に解決策が見つかることを望む。

マプドゥング語

マプドゥング語には多様な文字体系があり、どれもがラテン文字をもとにしている。文字体系が異なると、同じ語でも表記が著しく違う場合がある。たとえば「会話」または「物語」を意味する語は、gvxam または ngütram と表記される。

マプチェ族は信仰心が強く、その信仰は大地と彼らが暮らす自然環境に密接につながっている。それは言語を見れば明らかだ。彼らは、大地の音や動き、そしてその諸要素、つまり動植物から風や雨、アンデス山脈からうねりながら峡谷の低地へ流れる湧出水に至るものから、彼らの言語が誕生したと信じている。

マプチェ族に属する諸集団の多くは、彼らが置かれた地理的位置によって名づけられているが、なかには自然的事物にちなんだ名前もある。例えば次のようにである：

Pewenche – モンキー・パズル・ツリー（チリモミの木）地区の人々
Waidefche – 山系出身の人々
Ranquilche – リンゴの木地区出身の人々

句

Fey chi ürarün epu trokiñ che fütra kamapu allküngey.

叫び合う２つの集団の声が
遠くで聞こえた。

Mara inakeeyeo trewa fente tueteo ula well namuneteo ula.

野ウサギは犬に殺されるまで追われるか、
さもなければ逃げ延びるかだ。

Chi weya pichi wentru witralewerkey müten ñi dungunon ka ñi trekawenon pichi rume.

貧しい子供は立ち上がった（と彼らは言う）、けれども
何もしゃべりもせず、前に進むこともできなかった。

語

machi – 精神的指導者（シャーマンのような存在だが、マプチェ族の社会では Machi は女性である）

longko – 首長

ulmen – 賢者

huentru – 男

domo – 女

trehua – 犬

anti – 太陽

cuyen – 月

co – 水

マプドゥング語は、ケチュア語とスペイン語からの借用語を多く含む：

スペイン語／ケチュア語	マプドゥング語	日本語
fósforo	**foforo**	マッチ
carbón	**karfon**	炭
laguna	**lawna**	潟
familia	**familia**	家族・親族
abuela	**awela**	祖母
Ñaña（ケチュア語）	**ñaña**	姉（妹）
vaca	**waka**	牛
colmena	**kolmenia**	ハチの巣
mishki（ケチュア語）	**müski**	蜂蜜

MAPUCHE DOMO

Weñankley kiñe domo,
kiñe Mapuche ñuke,
kisu ka lelikeyantu
lelikey ximiñ pun
tukunefi, kisu ñi kupam meu
weñanklekey,
welu kume tukukey.
Ñi xapelakucha kañi xariloyko
amun rellmu felekey ñi chape
ka kiñe kelu xariwe tukunekey,
pa yomillkey ñi age yewekelu.
Wellu kume kidaukey
cheu ñi amun amukey
kisu ni sungu yengu
Mapuche ñuke.
Amun manke reke feleaimi
fey ta yewekelay ñi kurigen
kume uxapralekey wente escudo mev
eimi niemi kume piuke.
Kume molfiñ
poyeneimi kom mi puke puñeñ
amuaimi emi mi lelfiñ mev
kiñe koskilla rayen elumeaimi
chaltumai ñuke.

マプチェ族の女

女の悲しいため息、
彼女はマプチェ族の女。
彼女には昼の光と、夜の闇が見える。
暗闇は彼女の服の暗い色と混ざり合う。
彼女は悲しいが、美しい銀の宝飾を
誇らしげに身につけている。
色とりどりの飾り紐をおさげ髪に編み込み、
赤いベルトも締めている。
侮辱の言葉はもうたくさん！
彼女はとても働き者だ。
浅黒い肌に苦しんでいる、
彼女を誰も理解しない。
しかし、彼女は自分の文化を守りたい、
伝統的な慣習を維持したい。
マプチェ族の女よ、コンドルのようであれ！
暗い色の羽にもかかわらず、コンドルは幸福と
大いなる栄誉を感じている。
コンドルは誇らしげに両腕を覆う羽を輝かせる。
あなたは誠実なやさしい心の器をもち
その心の器は純血で満たされている。
無限のやさしさをもつ女よ
あなたの子供たちを最善の注意をもって守りなさい！
人々に愛される母親よ、自分をいじめてはいけない！
平穏に暮らしなさい、おだやかに
ほら、自然の園の傍らで
私はコピウエの花をあなたにあげよう
あなたの親切に感謝して。

作：マプドゥング語の詩人
マリア・アンティワラ・ウェヌニル

数

kiñe – 1

epu – 2

küla – 3

meli – 4

kechu – 5

kayu – 6

reqle – 7

pura – 8

aylla – 9

mari – 10

epu mari – 20

küla mari – 30

küla mari kechu – 35

reqle mari pura – 78

kiñe pataka mari – 100

100 と 1000 を指す語はケチュア語からの借用語である：

pataka – 100

warangka – 1000

ケチュア語（サンティアゴ・デル・エステロ州）

Quechua de Santiago del Estero

話者数：８万人

地域：アルゼンチン

ユネスコによる消滅危険度評価：危険

別称／別表記：ケチュア語、クスコ語

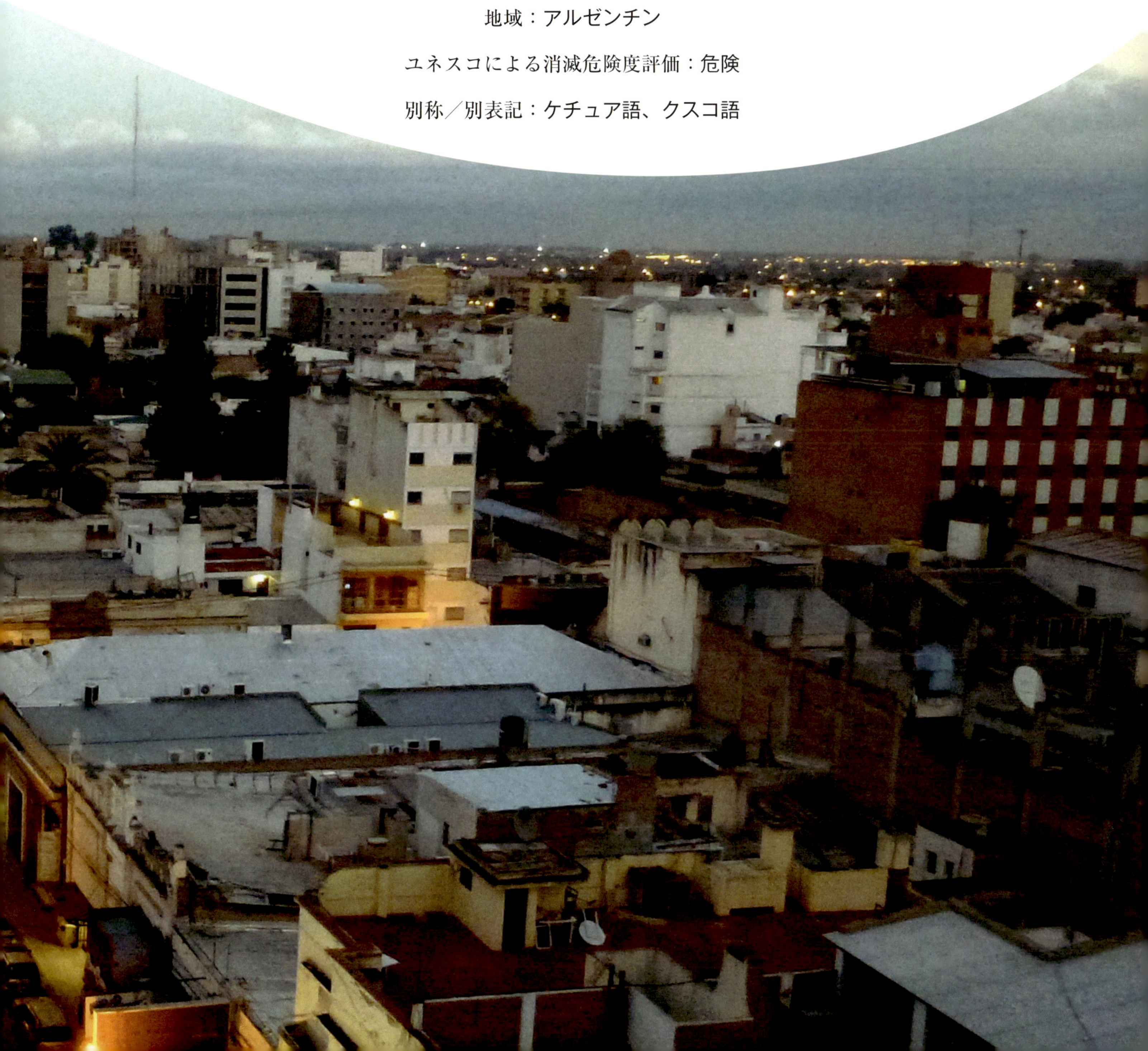

ケチュア語（サンティアゴ・デル・エステロ州）は、推定8万人によって話されており、その大多数はアルゼンチン北部のごく一部、サンティアゴ・デル・エステロ州とその周辺地域に住んでいる。

ケチュア語（「インカ人の言語」の意）は、インカ帝国の絶頂期に、南アメリカ大陸全体に広まった。スペインによる植民地化の時代も、ケチュア語は広まりつづけ、発祥地であるペルーから、北はコロンビア、南はアルゼンチンまで達した。その後、歴史的、地理的、政治的、社会的要因が重なって、ケチュア語の話者は激減したが、依然として約10万人によって話され、南アメリカ大陸の数カ国で公用語として認められている。

今日では、多くのケチュア語話者は、複数の半孤立地域に分散し、それぞれ独自の文化的アイデンティティと言語学的な変種をもっている。変種のなかには、あまりに違いすぎて、相互に通じないものもある。

ケチュア語がサンティアゴ・デル・エステロに達したのは植民地時代である。当時、カトリック教会の宣教師は、福音を伝え、地域住民を改宗させる目的でケチュア語を採用した。サンティアゴ・デル・エステロは、アルゼンチンに現存する最古の植民地都市であり、現在では、南アメリカ大陸最南端のケチュア語使用地域である。

サンティアゴ・デル・エステロで話されるケチュア語の形態は、それ自体が明らかな変種である。他のケチュア語とは80%類似しているが、著しい言語学的相違も多数ある。ケチュア語のサンティアゴ・デル・エステロ方言の語彙のうち約30%がスペイン語からそのまま取り入れた借用語であり、その反対に、スペイン語に借用された語も相当数ある。サンティアゴ・デル・エステロのすべてのケチュア語話者は、バイリンガルだと考えられる。

先住民言語は、それを母語とする話者と彼らを囲む自然環境との、自然発生的な強い絆を示す場合が多いが、ケチュア語ではその精神的側面が大きく欠けているのは、この言語が、初めはインカ帝国によって、次にスペインによる植民地化の結果として、人為的に広められたためだ。とはいえ、サンティアゴ・デル・エステロには、中世スペインとアメリカ先住民から、それぞれの人物像と民間伝承を融合させた豊かな神話の伝統があり、この地域の言語と文化の両方に影響を与えてきた。その結果、優れた音楽的伝統が発展することになり、ケチュア語（サンティアゴ・デル・エステロ州）の継続的な使用と保存に、おおいに役立っている。

学者たちは、他に類を見ないこのケチュア語変種を研究し、記録し、保護しようという努力をずっと続けてきた。1953年、最初の辞書が編纂され、さらに学会の設立によって、辞書は更新されつづけることになった。この地域では公用語として認められ、学校で教えられたり、ラジオではたくさんのレギュラー放送に使われたりしている。

ところが、こうした努力にもかかわらず、話者数は減りつづけている。19世紀、サンティアゴ・デル・エステロから他の州へ移住が始まり、20世紀にはそれが加速した。サンティアゴ・デル・エステロのケチュア語を話す小さな共同体は他の地域、特に、もっと大きな都市であるブエノスアイレスでも見出される。そして同時に、移住者が自分たちの言語を捨て、新たに選んだ居住地で使われる、文化的により受け入れやすいスペイン語を選ぶ傾向は相変わらず強く、この古来の言語の遠い未来は危ういままだ。

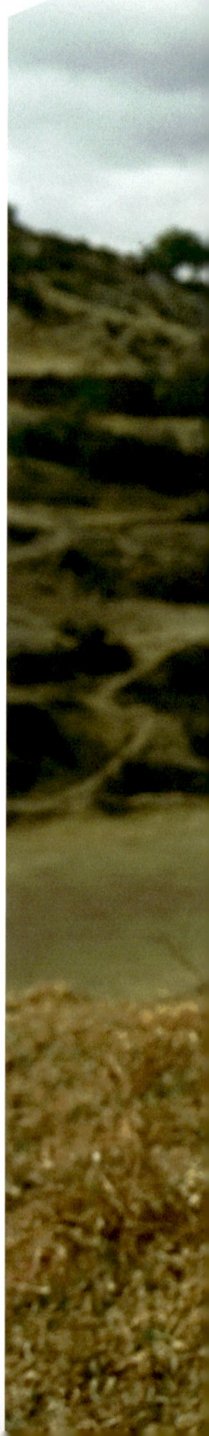

ケチュア語

ケチュア語は規則的な言語である。特徴的なのは、語の意味を微妙に変えたり、まるごと変えたりするために使う挿入辞と接尾辞が多いことだ。もともと記述用の文字はなく、渡来したスペイン人が翻訳したものをアルファベットに置き換えた。ケチュア語のいくつかの単語、たとえば、coca（コカノキ）、condor（コンドル）、gaucho（ガウチョ）、Inca（インカ族）、potato（ジャガイモ）などは、スペイン語経由で英語に取り込まれた。

アニョランサス（añoranzas）は、音楽を伴う有名なチャカレーラ（chaacarera：舞踊）だ。次の引用はもっとも愛されている有名な一節である：

Santiagumanto llojsispá / tucuy ñanta Huackarani.
Imáchu maa yacharani / imatachuscka niscayquish
Sonckoycka can ancha sinchi / chá punchau llampuyarani.

サンティアゴを去った時／私は泣きどおしだった。
訳もわからず泣いた／でも、あなたに断言できる
私の心は強いけれど／あの日に折れたのだと。

句

Qamqa suk urpilata apamusqaykita

私はあなたがハトを運ぶのを見た

Myentras purisqaykupi uyaripoq karayku

私たちが歩いているあいだ、私は彼の話を聞いていた

次に紹介するのは、サンティアゴ・デル・エステロの有名な格言である：

Mana munanqui mana rejsisckayquita
Manapas michanqui mana munasckayquita

知らないものを欲しがるな
愛していないものを守るな

サンティアゴ・デル・エステロ州のケチュア語とスペイン語の間では、多くの語が借用されてきた：

スペイン語	ケチュア語	日本語
Que talta purinqui?	**¿Qué tal andas?**	ごきげんいかが？
Huasiyqui maypi tian?	**¿Tu casa dónde está?**	あなたの家はどこですか？

ティクナ語 Ticuna

話者数：3 万 5000 人

地域：ブラジル、ペルー、コロンビア

ユネスコによる消滅危険度評価：危険

別称／別表記：Tikuna

16 世紀半ばにヨーロッパ人探検家たちがアマゾン川を発見したとき、彼らを待ち受けていたのは魅力的な領域だった。そこに暮らす土着の部族民たちは、数世紀にわたって交易し、共存し、覇権を争っていた。

初めて接触したとき、その部族のひとつ、ティクナ族は、アマゾン川上流のプトゥマヨ－イサ川とソリモンエス川の間の三角地帯を支配していた。ティクナ族は偉大な戦士だったが、その当時、最大、最強の部族というわけではなかった――最大最強の栄誉は、人口が 10 万人を越えていたとされるオマグア族に与えられた。

しかし、何世紀にもわたる戦争と疫病によって、強力なオマグア族は壊滅的な被害をこうむり、この地域に暮らすその他多くの部族と同様に、絶滅寸前にある。ティクナ族はというと、同様に戦争と疫病と闘い、おまけに 20 世紀に入ると天然ゴム採集者らによる厳しい抑圧があったにもかかわらず、生き延びて、アマゾン川流域に残る最大の部族となった。彼らは伝統的な信仰、宗教儀礼、民族工芸、そして土着のティクナ語を通して、自らのアイデンティティをなんとか保ってきた。

この三角地帯全域では、今日のコロンビア、ペルー、ブラジルの国境にまたがって、70 を越える「アルデイア」（村）が点在すると推定される。ティクナ族は 3 万 5000 人以上のティクナ語話者から成り、大半はブラジルのアマゾン川流域で暮らしている。

ティクナ族は伝統的にシャーマニズムを特徴とする文化だが、彼らの神話的な諸信仰は、ヨーロッパ人とアメリカ人による布教の結果、彼らに押し付けられたキリスト教の価値観とかなり融合している。

ティクナ族は、善良な精霊ナヌオラ（Nanuola）と、とても恐れられている邪悪な精霊ロカシ（Locasi）の存在を信じつづけている。その他にも、民間伝承に不可欠な英雄たちのなかにはヨイ（Yo'i）がいる。ヨイは、川の水から人々を釣りあげてティクナ族を創造したと言われている。この最初のティクナ族はマグタ（Magüta）として知られ、文字通りには「釣竿で釣り上げられた人々の集団」を意味する。（動詞 magü――釣竿で魚を釣る、集団化させる接尾辞――ta）

ティクナ族の人々は、彼らが暮らす降雨林の動植物の名で定義される。ティクナ族社会は名前のない 2 つの半族（グループ）に分かれている。各半族は、鳥と植物の名前がついた複数のクラン（氏族）からなる。これらの名はティクナ族文化にとってひじょうに重要で、個人の名前は、その人がどの半族、クラン、下位クランに属するかを明確に特定している。つまり、個人性とグループ内での社会的な地位の両方を与えているのだ。

ティクナ語の保護と促進に関してはかなりばらつきがある。コロンビアでは積極的な取り組みはほとんどなされてこなかったが、ペルーでは 1960 年代以降、ティクナ族にある程度の母語教育を施してきた。この頃、初めて書記法がつくられた。ブラジルでは近年、バイリンガル教育に精力を注いでおり、その成果は良好で、ティクナ族の生活状況に適したカリキュラムの推進に重点的に取り組んでいる。学生数は増加しており、これらのプロジェクトが少なくともある程度の成功をおさめている形跡は見受けられる。

ティクナ族の間でも、ティクナ語を保護、促進し、母語の識字能力を上げる努力は成されているが､その効果はわかっていない。ティクナ語が話される３カ国には共通の言語政策がなく、観光や交易によって、アマゾン川流域以外の世界に触れる機会が増えていることから、新たな世界からの需要の変化を切り抜けて生き延びられるかどうかは、今のところわからない。

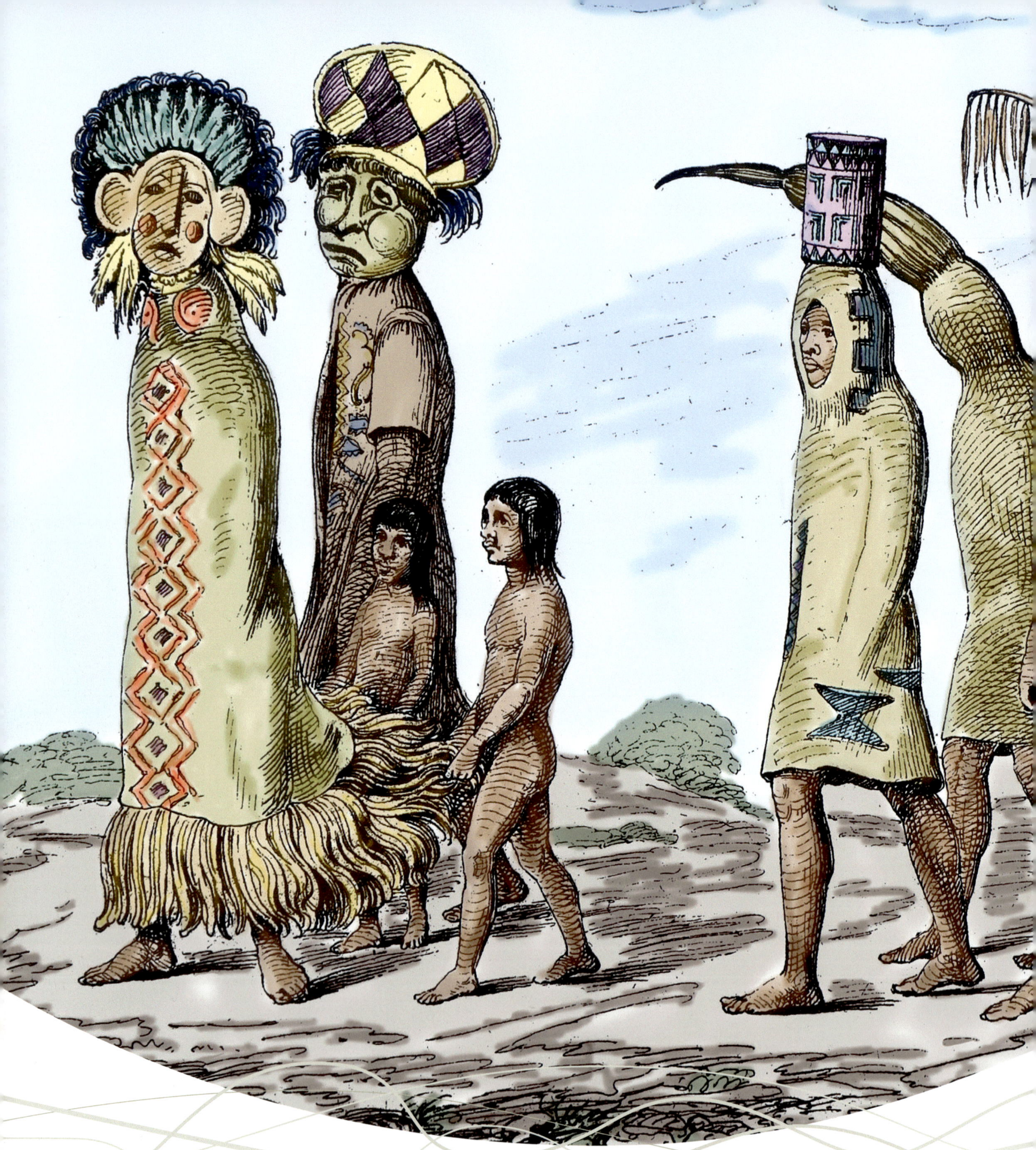

ティクナ語

ティクナ語は声調言語であり、音素が同じ語でも、発音の高低（トーン）によって意味が大きく異なる場合がある。音の高さ（ピッチ）には個人差があるため、トーンは音そのものの高さではなく、5種類のトーンの相対的な高低差に基づいている。

名前

個人の名前は、その人が属する半族、氏族、下位氏族を明確に定義する。たとえば、kvai'tats'inï(n)/kï という男性名は、「止まっているあいだに翼をはためかせているコンゴウインコ」を意味する。これは、コンゴウインコ（彼の氏族という全体的な属性）と、赤いコンゴウインコ（彼の下位氏族）という一般的属性にも言及している。

語

awa – マニオク（=キャッサバ。ブラジル／アマゾン料理でよく使われる地元の植物）

chai – 魚

chawí – トウモロコシ

トウモロコシは、他の穀物よりはるかに重要視されている。その栽培は、ひじょうに手の込んだ儀礼を伴う。

hahaimakai – 落雷

tawëmake – 月

dexá – 水

iake – 太陽

¡mea napuracu I cumax! – がんばれ！

Mea I pe gungü – ようこそ

Pe taãegü – お幸せに

数

ティクナ族は伝統的な5進法を使う。5に相当する数詞の直訳は「片手分すべて」、つまり5本の指全部を意味する。そして6は「片手プラス1」である。

wüxi - 1

taxre - 2

tomaxẹxpü̱ - 3

ãgümücü - 4

wüximẹxpü̱（片手すべて）- 5

naixmẹwa rü wüxi（片手プラス1）- 6

naixmẹwa rü taxre - 7

naixmẹwa rü tomaxẹxpü̱ - 8

naixmẹwa rü ãümücü - 9

uxmẹpü̱（両手）- 10

tacutüwa rü wüxi（片足の指1本）- 11

tacutüwa rü wüxi mẹxpü̱ - 12

gu̱xcutü（両足）- 20

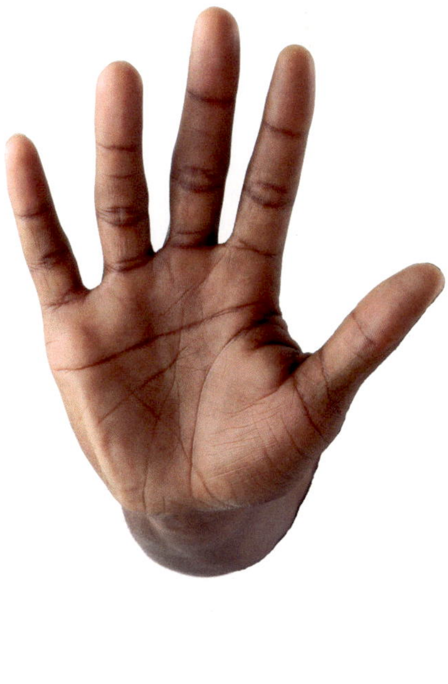

2言語併用を考慮して、現在ではペルーに住む多くのティクナ族が、6以上の数はスペイン語を用いる。

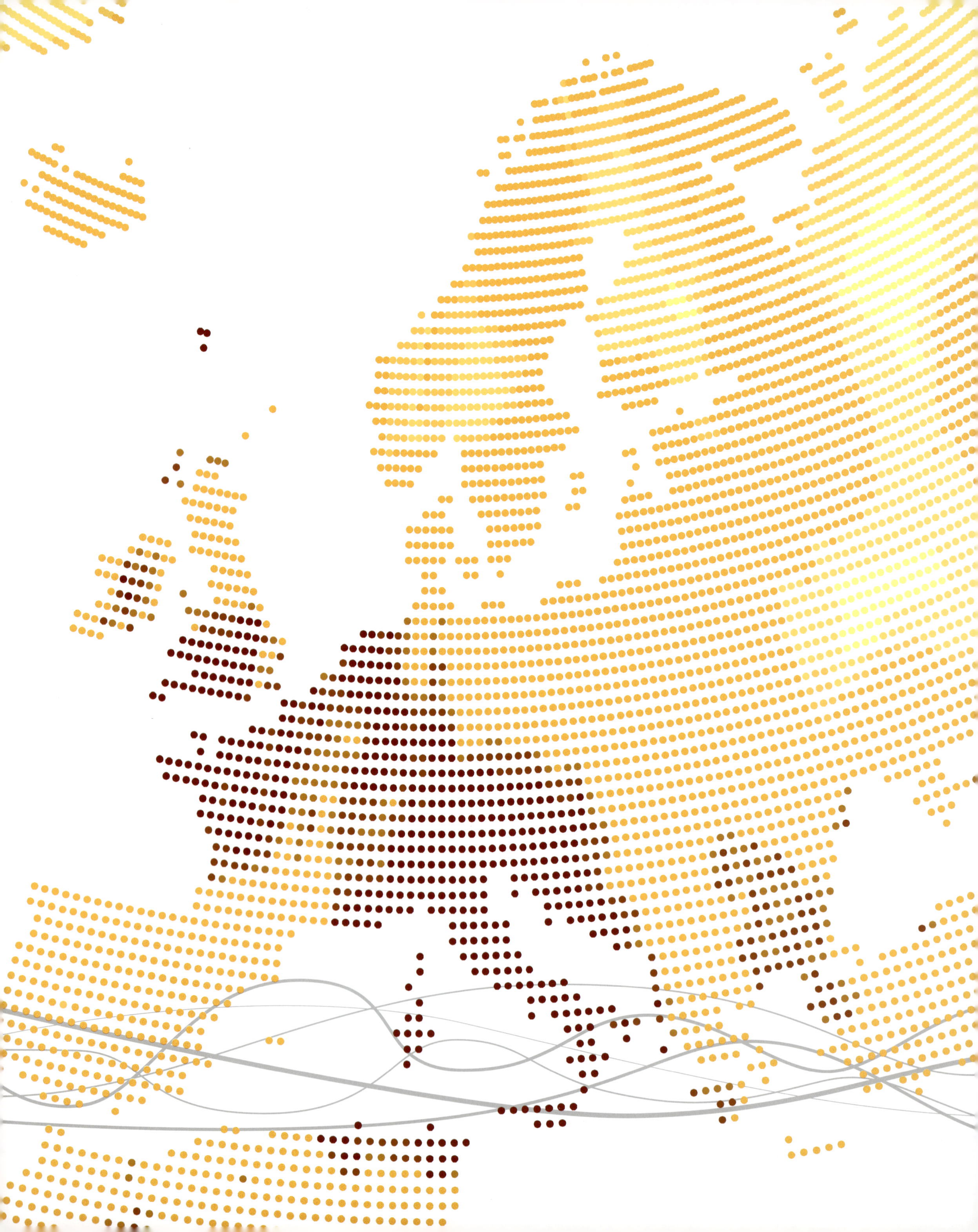

ヨーロッパの言語

南北と西を海に、東をロシア連邦とアジアに挟まれたヨーロッパ半島には、約50の国々があり、多種多様な文化と言語集団を代表する約10億人が暮らす。ヒマラヤ山脈や太平洋の島々ほどの、たとえば、750以上の言語が話されるパプアニューギニアほどの言語的多様性はないが、それでもヨーロッパ大陸には200以上もの異なる言語が存在し、少なくともその半分が消滅の危機に瀕している。

現代ヨーロッパで話される言語の大半は、インド＝ヨーロッパ語族に属する。この語族は南西アジアからの初期の移動民によって、初めてこの地域に持ち込まれた。この地で9つの語派と下位の語派に発展したが、現在はロマンス諸語とゲルマン語派、スラブ語派が多数派を占める。

ゲルマン語派は、北欧の大半と中欧に広がり、大陸の2大言語群である英語とドイツ語のほか、オランダ語、ノルウェー語、スウェーデン語、デンマーク語、アイスランド語など、親縁関係にある土地固有の言語を含む。これらは、公用語としてゆるぎない地位を保っている。だが、公的地位でさえ、言語を守る保証にはならない――フェロー語はデンマーク語とともに公用語であるにもかかわらず、支持を失っている。原因は言語共同体の狭小さと、もっと広く話されているデンマーク語とひじょうに競合することにある。

スラブ語派は、他のヨーロッパの語派よりも、母語としての話者数が多い。ブルガリア語、マケドニア語、ポーランド語、チェコ語、スロヴァキア語、ロシア語、ウクライナ語がますます勢力を増す一方で、その他のソルブ語、カシューブ語、ルシン語、ベラルーシ語などは、危機的状況にある。ベラルーシの公用語が「脆弱」と評価されていることには驚くかもしれないが、いくつかの地域におけるロシア語の支配力は衰えを知らないのだ。

ロマンス諸語は、ヨーロッパにおけるローマ文明の不朽の遺産を代表するものだ。ローマ帝国のほぼ全域で話された言語形式である俗ラテン語の系統を引き、9つの下位語群から成り、40以上の異なる言語と豊富な方言をもつ。フランス語、ポルトガル語、スペイン語は、本国以外でも広く使われており、世界中の話者はおよそ10億人いる。その一方で、消滅に直面している言語もある。

言語と方言の違いは複雑でわかりにくく、言語学者たちは何十年も、世界中のその土地固有の言語について議論してきた。どちらになるかの判定は、言語が保護・促進されるか否かを決めるうえで極めて重要な場合が多い。そして、判定の動機づけは、単に言語的なものより、社会的または政治的なものがしばしば見受けられる。フランスは話し言葉がひじょうに多様で、いくらか保護されているものもあれば、いかなる公的認定を受けていないものもある。ずっと単なる方言と見なされていたノルマン語は、2008年に、チャンネル諸島の地方言語として認知されたが、フランス本土ではそうした地位はないままである。

カタロニア語は、ヨーロッパでもっとも安全な少数派言語であろう。カタロニア地方とその周辺地域で、およそ1000万人によって話されており、1978年にスペインで民主主義が回復して以来、急激に話者数を伸ばしてきた。フランコ独裁政権は、教育におけるカタロニア語の使用を禁止したが、事実上、一般生活のあらゆる分野で禁じられた。しかし、学校教育における第1言語としての地位を取り戻して以後、カタロニア地方の政府やビジネス界においても普及した。けれども、言語受容は振り子のように揺れつづけ、子供たちがその後の人生にきちんと身につけるべきスペイン語を、十分に学んでいないのではないかという懸念を表明するカタロニア人も増えている。その結果、近年、スペインの憲法が改正され、親が要求する地域の子供たちには、より多くのスペイン語教育が提供されることが決められた。

ロマンス語話者の居住地は、ポルトガル西部の大西洋岸から南ヨーロッパを渡り、モルドヴァ共和国東部にまで達する。イタリア語とルーマニア語は多数の地域で主要言語となっているが、さほど幸運ではない言語もある。たとえばイストリア語だ。古くからあるこの言語は、クロアチアのイストリア半島南西端にある一握りの村で、わずか400人によってしか話されておらず、消滅の危険がひじょうに高まっている。

ヨーロッパには、ほぼ間違いなく世界でもっとも有名な孤立言語、バスク語が存在する。エウスカラまたはエウスケラとしても知られるバスク語は、ローマ帝国が興る前にヨーロッパ南西部で話されていた言語のなかで、唯一残っている言語であり、その歴史は旧石器時代にまでさかのぼると考えられている。バスク語は、約75万人が話し、150万人以上がそれを理解できる。話される地域はフランスとスペインの国境にまたがり、バスク自治州、ナバラ自治州、それにフランスのピレネー＝アトランティク県の西半分を抱えている。カタロニア地方でもそうだったように、バスク人は自分たちの言語を認知させるべく奮闘してきた。そして、現在では多くの学校で、すべての教科、または一部の教科をバスク語で教えている。

ウラル語族はスカンジナビア半島全域およびハンガリー、さらに東のシベリアまでの広い範囲で話されている。この語族は、フィン語派の10言語を含む。フィンランド語とエストニア語は健在だが、他の言語は危機に瀕している。実際、リヴォニア語は近年、流暢に話せる最後の1人が亡くなった。幸運にも、その言語に全面的な喪失の危険が迫っていたことは認識されていたため、言語学者たちと最後の母語話者が協力して、言語の記録には間に合った。それができなければ、この言語は永遠に失われていただろう。イギリスのコーンウォール語のように、リヴォニア語は現在、復活のための積極的な努力の対象となり、授業プログラムや集中合宿を通して地歩を固めつつある。

サーミ諸語は、ノルウェー、スウェーデン、フィンランド、ロシア連邦で話されている。ウラル語族の11言語から成り、他の言語と同じく、各地方語のどれが方言に分類されるべきか、どれが独立した言語なのかは、議論が進行中である。話者数は3万人から100人未満と幅があり、サーミ諸語のどれもが危機に瀕している。アッカラ・サーミ語は、ヨーロッパでつい最近消滅した言語のひとつである。2002年に最後の母語話者が亡くなった。

言語と文化の流動性は、固定された国境とはしばしば相反する。多くのヨーロッパの土着言語は複数の国にまたがって話されるが、話者の諸共同体は共通の土着言語をもつとしても、各共同体にかけられる圧力は、社会的、経済的、政治的に、ひじょうに異なる場合が多い。その結果、ある地域ではかなり安定している言語が、別の地域ではとても脆弱であったり、消滅寸前であったりする。北部サーミ語は、ヨーロッパ北部地域をまたぐ4カ国で話されているが、資金援助、文化的奨励、公的認知のレベルは国ごとに大きく異なる。たとえばフィンランドでは比較的安定しているが、国境を越えたロシア連邦ではかなり危険な状況だ。これと同じことが、さらに南の諸言語、たとえばルシン語にも言える。この言語はある地域では積極的に奨励されているが、ウクライナではルシン語の話者が大勢いるにもかかわらず、ルシン人が独立した民族であることも、ルシン語が独立した言語であることも否定されている。これらの国境をまたがる言語共同体に対する認知は、言語多様性を維持することに重要な役割を果たすが、複数国の政府間の協力と共通の意志も必要だ。

200の言語に対する政治的、財政的、行政的支援は、ヨーロッパが歴史的にも文化的にも豊かな大陸として生き残るためにとても重要だ。多言語併用は、ヨーロッパ地方言語・少数言語憲章のもとで、欧州会議が主に達成すべき目標である。しかし、この憲章の保護を受けていない言語は、まだたくさんある。原因は、それらの言語が公的に認知されていないか、さまざまある国のひとつでしか話されていないために、この憲章にまだ調印されていないか、批准されていないからだ。

ヨーロッパ各国の国境は、何世紀もかけて拡大と縮小をしてきた。時には平和的に成されたが、戦争や紛争の結果として成された場合もある。話者の共同体の分裂が続き、人々は追放され、新たな地域に身を置く。そこでは意思疎通と生き残りのために、別の言語を受け入れざるをえない。その一方で、欧州連合内において、自らの選択で自由に移動できる大勢の人々は、新たな好機と別の生き方を探すことが可能である。こうした状況も、この大陸における言語の使用と発達に影響することは避けられないだろう。そして、100年後にヨーロッパの言語地図がどうなるかは、時が経たなければわからないだろう。

ロマンシュ語 Romansh

話者数：3万5095人

地域：スイスのグラウビュンデン州各地

ユネスコによる消滅危険度評価：危険

別称／別表記：レト＝ロマンス語

イタリア、フランス、ドイツ、オーストリア、リヒテンシュタインに囲まれたスイスには、少なくとも4つの公用語と、移民者の言語が多数あるが、これは驚くことではないだろう。人口800万人のうち、その半数以上がドイツ語を話し、フランス語とイタリア語の話者は合計で200万人いる。ところが、この国の4番目の公用語であるロマンシュ語を母語として流暢に話す者は、わずか3万5095人で、その大半はグラウビュンデン州に住む。

ロマンシュ語とは、俗ラテン語を起源とするガロ＝ロマンス語のことで、古代ローマの兵士や商人、紀元前15世紀にこの地域に住み着いた人々によって話されたラテン語の一形態である。何世紀ものあいだに、それまでこの地域で話されていたケルト語とラエティア語に徐々にとって代わり、紀元後500年頃には、北はコンスタンス湖、東はオーストリアのチロル奥地までの広大な地域で、初期のロマンシュ語が話されていた。

ロマンシュ語は何世紀にもわたって強力な言語であり続けたが、15世紀までには北部でドイツ語が優勢になりつつあった。ドイツ語を話す地域が、伝統的にロマンシュ語が話されていた地域に食い込むまでになると、とうとう多くのロマンシュ語話者は母語に背を向け、優勢なドイツ人の日常語を選択した。話者数の減少と、ドイツ語、フランス語、イタリア語がスイス連邦の公用語になったことに伴い、ロマンシュ語の形勢は厳しくなった。

1938年、公用語として認められたことで、ロマンシュ語は一時的に危機を脱したが、この決定はおそらく、第2次世界大戦に向かう時期における、スイスの国防戦略がおおいに関係したのだろう。というのはそれは、社会的統合に関わる事柄だからだ。実は、ロマンシュ語が公的な場で使用されることはほとんどなかった。その後も完全な公的地位を獲得させようという圧力の高まりはあったものの、それが話されている地域で方言の差異があることが、状況を複雑にしていた。ロマンシュ語が国民投票によって公用語になるのはようやく1996年のことである。

現代のロマンシュ語には5つの異なる方言、プーター、スルミラン、スルシルヴァン、ストゥシルヴァン、ヴァラダールがあるが、すべてが相互に通じるとは限らない。何年ものあいだ、公的機関、言語学者、話者本人たちは、どれを「公式」ロマンシュ語とするべきかを活発に議論した。そして最終的に、もっとも有力な3つの方言を組み合わせることで意見がまとまり、「ロマンシュ＝グリシュン」が生まれたのである。

統合ロマンシュ語が開発されたことにより、ロマンシュ語はスイスの紙幣や連邦政府の建物の入口、学校教育のカリキュラムに利用されるようになった。しかし、この合成言語の存在そのものが、ロマンシュ語文化のアイデンティティをむしばみ、言語の持続力を脅かすと主張する者も多くいる。現在、いくつかの地方自治体では、その土地固有の方言を学校や一般生活に導入し直そうという動きが見られるが、取り組みの足並みは揃っていない。どんな言語もそうであるように、ロマンシュ語の長期的な未来は、今の時代に使い続けることにかかっている。だが、その使われ方に問題が残る限り、話者数の減少は避けられないだろう。

ロマンシュ語

起源はあくまでも俗ラテン語であるが、ロマンシュ語はゲルマン語からの借用語が多いのが特徴だ。バイエルン方言で「農民」に相当する用語がロマンシュ語に借用されて、paur または pur となり、同時に、農民の妻または女性農民を意味する「pura」や、零細農(れいさいのう)「puranchel」のような派生語も生まれた。ドイツ語は、ロマンシュ語で新語を作り出す際の原型としてもよく使われた。たとえば「tschetapuorla」は、スルシルヴァン方言で「掃除機」だが、ドイツ語で「吸い込むための」を意味する「tschitschar」と「埃」を意味する「puorla」の複合語である。たくさんの慣用表現もドイツ語から借用している。たとえば、スルシルヴァン方言の句「dar in canaster」はドイツ語の「einen Korb geben」の直訳で、文字通りの意味は「籠(かご)を手渡す」だが、結婚の申し込みを断る場合に用いられる。

スルシルヴァン方言は、ほぼ間違いなく、今日では最強のロマンシュ語方言である。次の詩句は「Al pievel romontsch」(「ロマンシュ語を話す人々へ」)という、スルシルヴァン方言の詩人ジャケン・カスパール・ムオートの作品集からの引用である。

Stai si, defenda,
Romontsch, tiu vegl lungatg,
Risguard pretenda
Per tiu pertratg!

立ち上がれ、守れ、
ロマンシュ語を、あなたの昔なじみの言語を、
敬意をもとめよ、
あなたの思考に!

語

la muntogna – 山

la val/la vallada – 谷

il flum – 川

il lag – 湖

il prau – 牧草地

la flura – 花

la plonta – 木

igl uaul – 森

数

in - 1

dus - 2

treis - 3

quarter - 4

tschun - 5

sis - 6

siat - 7

otg - 8

nov - 9

diesch - 10

endisch - 11

dudisch - 12

vegn - 20

tschien - 100

melli - 1000

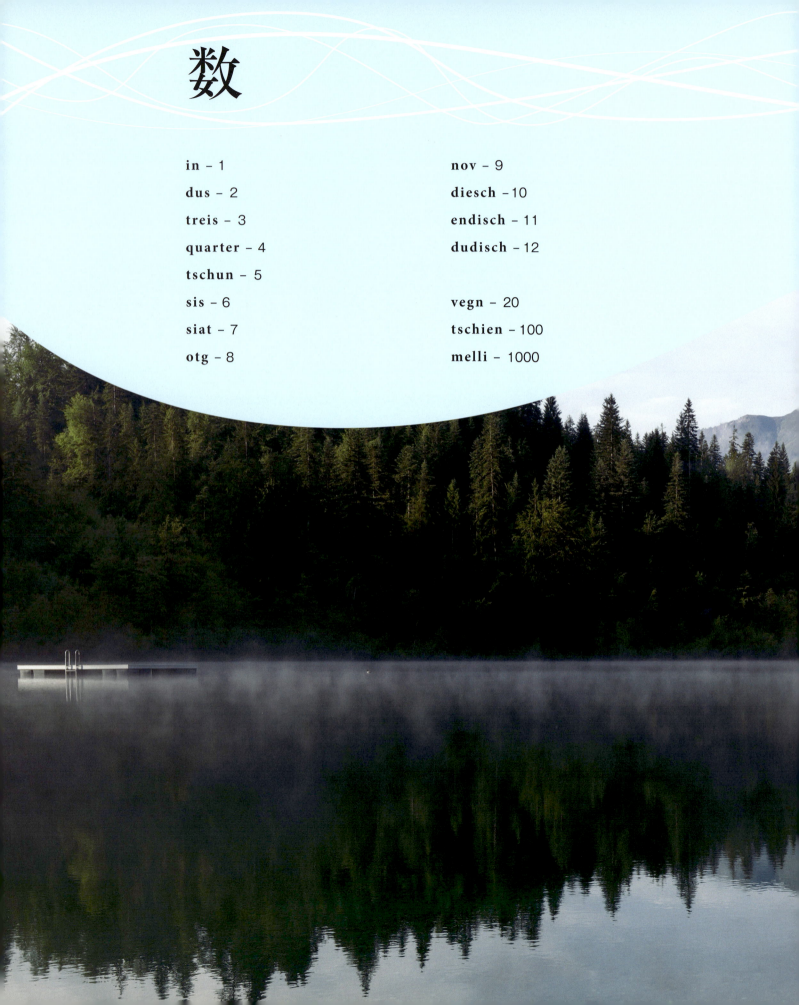

北部サーミ語 North Saami

話者数：3万人

地域：フィンランド、ノルウェー、ロシア連邦、スウェーデン

ユネスコによる消滅危険度評価：危険

別称／別表記：Sámegiella

サーミ族、またはサプミ族は、1000年以上ものあいだヨーロッパ北部の氷で覆われた平原で、トナカイを飼育してきた。伝統的に、季節やサーミ族文化の基礎を成すトナカイの本能的な移動に左右される、半遊牧民的な生活を送ってきた。彼らはシーダ Siida（ラップ人 Lapp の村）にまとまって暮らし、広大ながらも定められた領域をもち、環境や植物の違いをうまく利用するために、定期的に牧草地を移動した。

彼らの祖国は、スカンジナビア半島中南部からコラ半島の先端まで、現在のノルウェー、スウェーデン、フィンランド、ロシア連邦に属する広大な地域だった。彼らはその地で、サーミ諸語として知られる数多くの類縁の言語を話した。それらの多くは、今日も同じ地域で話されている。

サーミ族はほとんど現代社会の影響を受けずにいた。ところが19世紀半ば、彼らはいつの間にか、土地の所有権を制限されたり、固有言語であるサーミ語の使用を制限されたりと、一連の政策を受ける側になっていた。1902年、サーミ族を同化させようと、ノルウェーは、ノルウェー語を話すものだけに土地の所有を許可する法律を可決した。その後、サーミ語は教育の場での使用を禁じられた。たくさんのサーミ族の子供たちが寄宿学校に送られ、故郷の地域社会から隔離され、ノルウェーの多数派の言語、文化、価値観を無理やり教え込まれた。

フィンランドでは、トナカイを飼育する権利を万人に与える法律が導入された。つまり、サーミ族がそれまで享受してきた、固有の文化的地位と土地の所有権が否定されたのだ。同じ頃、スウェーデンの立法者たちは、サーミ族だけがトナカイの飼育に直接携わることができると認める選択をした。サーミ族の正式な居住人口を最小限にし、Lapp ska vara lapp（サーミ人はサーミ人であるべき）という方針を採用し、彼らにはサーミ語だけで教育することで、部族をほかのスウェーデン社会から巧みに置き去りにした。

20 世紀後半、サーミ族のアイデンティティが復興するようになり、彼らの文化と言語を促進しようという多くの積極的な試みがおこなわれた。今日、サーミ族は独自の議会をもち、教育や行政、日常生活で自分たちの言語を使う権利をもち、土地の権利は拡大された。

合計 10 種のサーミ諸語と数多くの方言が、ノルウェーからロシア連邦北西端までのえんえんと広がる地域で話されている。現在、極めて危険か、または高齢な話者が一握りしか残っていないため、すでに消滅寸前の言語もある。もっとも広く話されている北部サーミ語でさえ、危機に脅かされている。現在、北部サーミ語は、教育の場で広く促進されてはいるものの、かつて国の公用語を強制された多くの大人は、子供たちの将来に不利になることを恐れて、サーミ語による教育を支持したがらない。放送、印刷物、デジタル・メディアでの使用は拡大しているが、サーミ語の促進と活気は、必ずしも世間一般に広がっているわけではない。

過去の抑圧の影響が、サーミ語と文化に消すことのできない傷跡を残してしまったことは明らかだ。すでに多くの人々が、伝統的な生活様式に別れを告げたが、そうではない人々が先例にならうのを防ぐには、まだ手遅れではない。

サーミ語

サーミ族は、伝統的に、たくさんのラーボ（lávut：ティピーのような円錐形のテント）から成るシーダ（Siida：村）を構成し、トナカイの必要に応じて定期的に移動した。サーミ族文化の基礎となるトナカイは、輸送手段、食物、衣類、裁縫道具にまで利用された。北部サーミ語は、トナカイを飼育する文化に特有の語彙を豊富にもつように発展してきた。下記に、トナカイの大きさ、年齢、容姿を描写する多数の用語のうち、数例を紹介する：

váža – 出産したばかり、または出産経験のある完全に成長した雌トナカイ

spáillit – まだ人に慣れていない、作業用の訓練もされていない去勢された雄

beavrrit – 標準より脚が長めで、体つきが細めのトナカイ

jáhnit, julsu – 大きく、太った雄トナカイ

leamši – 背が低く、太った雌トナカイ

rávža – 体調が悪く、やせ細った、毛並みの悪いトナカイ

roaivi – 痩せた、高齢のトナカイ

skoaldu – 頭が大きく鼻が長いトナカイ

nulpu – 枝角が抜け落ちたトナカイ

čoarve-bealli – 片角のトナカイ

čoarvvat – ２本角のトナカイ

barfi – たくさん枝分かれした角をもつトナカイ

ceakko-čoarvi – 垂直な枝角をもつトナカイ

láibme-čoarvi – 外向きと下向きの枝角をもつトナカイ

njáide – 枝角が比較的短く、後方に鋭角に伸びるトナカイ

njabbi – 後方に少し傾斜した、優美な形の枝づのをもつ雌トナカイ

snarri – 短いがとても枝分かれして、とても湾曲した角をもつトナカイ

rož-oaivi – 両角が接近して生えているトナカイ

サーミ語には体色を描写する特殊な語彙がたくさんある：

čuoivvat-gabba – 白で背中全体が黄色がかった灰色

muzet-čuoivvat – 黄色がかった濃い灰色で腹が黒っぽい

muzet-jievja – 薄い色で腹が黒っぽい

girjjat-gabba – まだらで大部分は白い

girjjat-čuoivvat – まだらで、黄色がかった灰色

語

joik – 伝統的なサーミ語の歌
almmái – 男
nisu – 女

ruoksat – 赤
fiskat – 黄色
ruškat – 茶色
čahppat – 黒
vielgat – 白
ruoná – 緑
sáhppat – 紫
ránis – 灰色
guvgesruoksat – ピンク
ruškat – 茶色
alit – 青

数

nolla – 0
okta – 1
guokte – 2
golbma – 3
njeallje – 4
vihtta – 5
guhtta – 6
čiežá – 7
gavcci – 8
ovcci – 9
logi – 10

guoktelogi – 20
golbmalogi – 30
njealljelogi – 40
vihttalogi – 50

čuođi – 100
duhat – 1000
vihttaduhat – 5000

コーンウォール語 Cornish

話者数：557 人

地域：イギリス南西部、コーンウォール公領内

ユネスコによる消滅危険度評価：極めて深刻（人為的に復活された）

別称／別表記：Curnoack、Kernewek、Kernowek

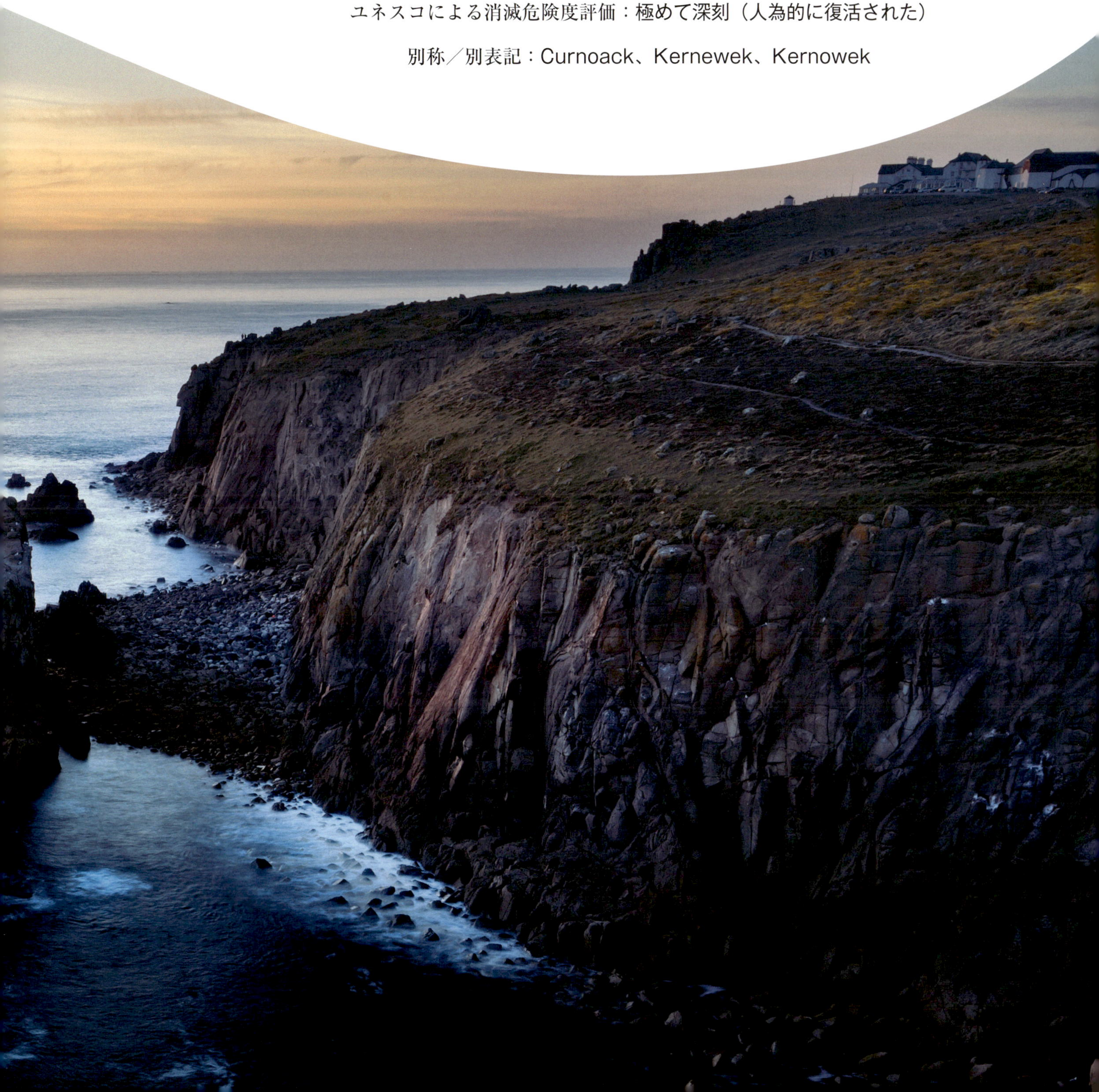

紀元前1千年紀、強力なケルト民族はヨーロッパ本土から海峡を越えて、ブリテン島とアイルランド島に住み着いた。そこで数世紀に渡り、彼らの言語は密接に関連し合う2つのグループに分かれた。スコットランド、アイルランド、マン島のケルト語派ゲール諸語と、ウェールズとコーンウォールのケルト語派ブリトン諸語である。のちにローマ人の侵略がケルト語派に大打撃を与えることになるが、最終的にこの土地固有の言語を、今日私たちが知るケルト語に分けたのは、15世紀のサクソン族の渡来と、それに続く西方への拡大だった。

ウェールズ人から分かれたコーンウォール地方のケルト人は、サクソン族によって西へ追われ、タマール川東岸を国境——まだ境界として残っている——とする新王国にたどり着いた。彼らの言語は繁栄を続けたが、16世紀に入ってしばらくすると、状況は動きはじめ、とうとう終焉を告げる鐘が鳴らされんばかりとなった。君主政治が宗教改革を求めたことに伴い、1549年に祈禱(きとう)書が導入された。明らかに礼拝に使うラテン語を英語に切り替えることが目的であったが、ブリテン諸島内で言語の均質性を高めるという長期的な効果があったことを、見過ごすことはできない。プロテスタント主義への動きと、ケルト人には理解できない言語での礼拝は、コーンウォール地方の住民に強く拒絶された。そして、農地改革をめぐって広がる不平不満に煽られて、彼らは一連の反乱を起こし、そのさなかに5000人が命を落とした。

両者はついに和解したが、その余波で反コンウォール語感情が高まった。裕福な人々が英語を商業と教育に採用すると、コーンウォール語話者の共同体は、あっという間に縮小し、18世紀までには消滅寸前となった。1777年、コーンウォール語を流暢に話す最後の話者は、昔ながらの言語とともに埋葬された。

だが、コーンウォール語に対する学術的関心は消えなかった。母語(ほご)話者を失いはしたが、その土地固有の言語の研究を望む言語学者たちは、無数の宗教的作品と文学作品を自由に利用できた。19世紀終わり頃には、急速に関心が集まり、1904年にヘンリー・ジェンナー著『コーンウォール語の手引き』が出版された。それが復興運動の幕開けとなり、まさしく文字通りに、死から蘇らせることとなる。

消滅した言語を復興させるプロセスは複雑な問題を伴った。当事者らは、綴字法、発音、新語の作り方をめぐって論争したが、ついに満足のいく合意に達し、2008年、標準表記法が導入された。それ以来、ますます勢いがつき、多くの学校、夜間講習、合宿でコーンウォール語教育がおこなわれるようになった。コーンウォール語による終日保育の導入は成功し、たくさんの子供たちが、英語とともにコーンウォール語も流暢に話すように育った。そして、第1、第2言語としての話者が生まれ続けている。そのほかにも、インターネットはコーンウォール語講座であふれ、コーンウォール語のマスメディアは、専門の発行物、テレビ・ラジオ放送、さらには急成長する映画産業までと、急速に拡大している。

2014年、コーンウォール人独自のアイデンティティを主張する長い闘いが報われ、イギリスで、スコットランド人、ウェールズ人、アイルランド人とともに、彼らは少数民族として公式に認められた。2011年の国勢調査では、コーンウォール語を主要言語とする者は557人と、話者数は少ないままだが、この言語に話者が存在するという事実は、ケルト族の遺産を守り続けようという、コーンウォール人の決意の証である。

1777年に死去したドリー・ペントリアスは、コーンウォール語を母語として流暢に話した、最後の話者だと考えられている。伝説によると、彼女の最後の言葉は、「Me ne vidn cewsel Sawznek!」（「私は英語を話したくない！」）だった。

コーンウォール語

コーンウォール地方には独自の賛歌があり、ブルトン人とウェールズ人の賛歌と同じメロディーで歌われる。

Bro goth agan tasow, dha fleghes a'th kar,
Gwlas ker an howlsedhes, pan vro yw dha bar?
War oll an norvys 'th on ni skollys a-les,
Mes agan kerensa yw dhis.
Kernow, Kernow y keryn Kernow;
An mor hedre vo yn fos dhis a-dro
'Th on onan hag oll rag Kernow!

私たちの祖先の昔ながらの土地、あなたの子供たちはあなたを愛する、
親愛なる西の国、あなたにふさわしい土地はどこだ？
世界中、いたるところに私たちは散らばっている、
しかし、私たちの愛はあなたのためにある。
コーンウォール、コーンウォール、私たちはコーンウォールを愛している；
海があなたを取り囲む壁である限り、
私たちみんなはコーンウォールのためにある！

句

Myttin da – おはよう

Dohajydh da – こんにちは

Gorthuher da – こんばんは

Mar goth avel an menydhyow – 小山のように古い（極めて古い）

Mar ger avel saffron – サフランのように高価な

Ma wynn avel ergh – 雪のように白い

Pesk, Kober ha Stean – 魚、銅、錫（コーンウォール地方の伝統的な乾杯の言葉）

Comero weeth na ra whye gara an vorr goth rag an vorr noweth –

慣れた道を離れて未知の道を行かないように気をつけなさい（コーンウォール地方の諺）

語

pyskessa – 魚釣り

Peskajor – 漁師

pesk – 魚

legast – ロブスター

silly – ウナギ

canker - カニ

gwillen – カモメ

gwêdh - 木

dêl - 葉

mor – ベリー（小果実）

redan - シダ

enwedh –トネリコの木

glasten – オーク

gwern – ハンノキ

tarow – 雄ウシ

davas – ヒツジ

mohen – ブタ

mabyer – ニワトリ

hôs - アヒル

hoggan – パスティー（肉入りパイ）

ルシン語 Rusyn

話者数：100 万人

地域：ハンガリー、ポーランド、ルーマニア、スロヴァキア、ウクライナ

ユネスコによる消滅危険度評価：脆弱

別称／別表記：ルテニア語、カルパティア＝ルシン語

方言：レムコ語（レムケ語）、ボイコ語、フツル語

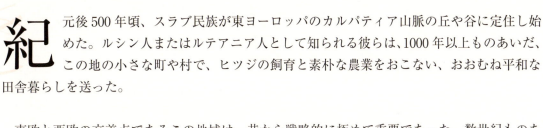

紀元後500年頃、スラブ民族が東ヨーロッパのカルパティア山脈の丘や谷に定住し始めた。ルシン人またはルテアニア人として知られる彼らは、1000年以上ものあいだ、この地の小さな町や村で、ヒツジの飼育と素朴な農業をおこない、おおむね平和な田舎暮らしを送った。

東欧と西欧の交差点であるこの地域は、昔から戦略的に極めて重要であった。数世紀ものあいだに、この山脈を巡って国境は拡大と縮小を繰り返し、ルシン人が暮らす領域はさまざまな国に権利を主張されてきた。現在、そこにはハンガリー、ポーランド、ルーマニア、スロヴァキア、ウクライナの国境が伸び、北はチェコ共和国周辺部、南はセルビア周辺部に及ぶ。各国政府は経済的、政治的覇権を争い続けているため、この地域は依然として潜在的な紛争地である。

ルシン人は国民と民族の違いを大きく区別している。1939年に設立され、たった1日でハンガリーの手に落ちたカルパト＝ウクライナ共和国を除けば、ルシン人は、周辺地域を統治する支配勢力に常に服従してきた。多くのルシン人が主流社会に組み込まれ、自分たちを単に「ウクライナ人」または「スロヴァキア人」と名乗る一方で、自らの民族的起源に強い結びつきを感じる者もいる。

ルシン人の移民社会のあいだでは、伝統的なルシン文化の促進に関心が高まりつつあり、その民族の中心地域では、強力な独立運動が根づきつつある。「ルシン」という用語は、以前はソ連、ポーランド、チェコスロヴァキアで禁じられた。これらの国々では、ルシン人集団はさまざまな同化政策の対象だった。彼らはクロアチア、チェコ共和国、ハンガリー、ポーランド、セルビア、そしてスロヴァキアにおいて、少数民族としての認知を得ることに成功している。ウクライナでは、2007年、ザカルパチャ州限定ながら単独の民族的地位を得ており、2012年には、ルシン語は公式に認知された。

100万人の話者がいるにもかかわらず、ルシン語は危機に瀕している。ルシン語はそれが話されている国々でいくらか保護されているが、もっと優勢な母国語を使わせようとする圧力があることは否定できない。教育や文学を通してルシン語を促進する取り組みは、地域ごとの方言、正書法、文法規範の多様性によって、複雑化している。言語を標準化することには複雑な問題を伴う。スロヴァキアとポーランドは、標準文語体の作成と、教育と出版事業での使用促進に成功したが、この状況は、ルシン語を話す地域すべてに当てはまるわけではない。

デジタル・メディアの台頭は、国内外の境界を越えてルシン人が団結する新たな機会を与えた。しかし、世界でもっとも類例のない民族共同体に帰属せよという諸々の圧力を乗り越えるには、彼ら独自のアイデンティティを堅固に維持する必要があるだろう。

ルシン語

ルシンの民俗文化は、幾何学模様の刺繍や、手描きで装飾されたイースター・エッグ、音楽、舞踊、絵画で有名だ。ほぼ間違いなく、世界でもっとも有名な芸術家の１人、アンディ・ウォーホルは、アンドレイ・ウォーホラ（Andrej Varhola）としてルシン人の両親のもとに生まれた。彼の両親は、現スロヴァキアの一部となっているルシン人の居住地域から、アメリカ合衆国に移住した。

句

Mója bába hovóryt' po-rús'ky –

私の祖母はルシン語を話す

Müj nján'o ródyvsja u Podkar pátsʼküj Rúsy u Beréz'kujzúpi –

私の父はベルグ地方のスブカルパティアン・ルスで生まれた

Johó újko préjšov nas vydity; ovún yz zemplyns'kojt žúpy na Prjášovščyni što tepyr' je na vostóčnüj Slovákiji –

彼のおじが私たちのもとを訪れている；彼はプレショウ県ゼンプリン地方の出身で、そこは現スロヴァキア東部にあたる

Mója sestrynycja yhrat' u rús'küm naródnüm ansámblju –

私のいとこはルシン民族舞踊団で踊る

曜日

Ponedílok – 月曜日

Vüvtórok – 火曜日

Seredá – 水曜日

Čytvyr – 木曜日

Pjátnycja – 金曜日

Subóta – 土曜日

Nedílja – 日曜日

場所

Evrópa – ヨーロッパ

Ávstrija – オーストリア

Madjárščyna – ハンガリー

Pól’šča – ポーランド

Rumúnija – ルーマニア

Rósija – ロシア

Slovákija – スロヴァキア

Ukrajína – ウクライナ

ツァコニア語 Tsakonian

話者数：300人

地域：ギリシャのペロポネソス半島のレオニディオ地方

ユネスコによる消滅危険度評価：極めて深刻

ギリシャのペロポネソス半島の東に位置するパラノン山地の丘陵地帯には、古来の村が集まり、絵のように美しいレオニディオの町が花を添える。ツァコニアとして知られるこの地域の名物といえば、特徴的な石造りの建造物、印象的な風景、緑豊かな平原と岩がちな山腹で育つ柑橘（かんきつ）類、トマト、オリーブなどの豊富な農作物、そして有名なツァコニアのナスである。

何世紀ものあいだ、ツァコニア人は同時代のギリシャからおおむね隔絶され、田園詩人が描くような生活様式だけでなく、音楽、舞踊、そして独特なツァコニア語に代表される、独自の文化を発達させた。ツァコニア語は、古代ギリシャ語の方言であるドーリス方言のなかで唯一、現在まで使われている。かつては広大なペロポネソス地方全域で、古代スパルタ人兵士によって話されていた。19 世紀に入ってもこの地域で広く話されていたが、移動や通信によって防御が崩されたことが災いし、話者数は激減した。最多で約 20 万人いたとされるツァコニア語の話者は、今日ではわずか 300 人の流暢な話者しか残っておらず、その大部分は高齢で、標準現代ギリシャ語との 2 言語を併用する。

ギリシャ語が商業、教育、行政に使われる言語として優勢であることから、レオニディオとその周辺の村々の住民は、1世紀ものあいだその影響力を感じてきた。識字率が上がり、観光客が訪れ、ギリシャ語によるマスメディアの影響が最遠隔地にまで届くようになったことで、かなり前から、ツァコニア語はそれ自体の力では世代から世代へと継承されなくなってしまった。文字は、ギリシャ語のアルファベットと独特の音を表す二重字があるが、この言語で記された文献はほとんどなく、今のところ、記録を残す努力はほとんど成されていない。

ツァコニア語には、この言語が話されているアルカディア県内でも、より広範なギリシャ語使用地域でも、公用語としての地位をもたない。実のところ、現代ギリシャ語の方言に過ぎないと考える者もいるが、この2つの言語は互いに通じないこと、ツァコニア語の起源が明らかにドーリス方言群であることは、十分この言語を独立言語に分類する根拠となる。

古代の世界を知る手段となるこの言語を保存したいとの思いで、ツァコニア語をこの地域の学校に導入するための取り組みは、散発的に成されてきた。だが、カリキュラムと呼べるものはなく、利用すべき教材もほとんどないため、取り組みはほとんどうまくいっていない。21世紀の日常生活では使われる場面もめったになく、ツァコニア語は次の世紀まで生き残れそうもない。言語の消滅が、それと本質的に絡み合う、独特なツァコニア地方の文化の消滅をも運命づけることになるかどうかは、時が経たなければわからない。

ツァコニア語

残る話者はごくわずかではあるが、レオニディアの人々は独特なツァコニア語をまだ使っている。この昔ながらの町の入口に立つ標識には次のように記されている。

Γρούσσα νάμου είνι τα Τσακώνικα. Ρωτήετε να νιούμ΄ αλήωι.

私たちの言語はツァコニア語である。この言語で話してくれるよう、人々に頼んでみよう

次の章句は伝統的な歌で、標準ギリシャ語のアルファベットを使ってツァコニア語で書かれている。

Πουλάτζι ἔμα ἐχα τθὸ κουιβί τσαὶ μερουτέ νι ἔμα ἐχα
ταχίγα νι ἔμα ζάχαρι ποϊκίχα νι ἔμα μόσκο,
τσαί ἀπό τὸ μόσκο τὸ περσού τσαὶ ἀπὸ τὰ νυρωδία
ἑσκανταλίστε τό κουιβί τσ' ἑφύντζε μοι τ'αηδόνι.
Τσ' ἀφέγκι νι ἔκει τσυνηγού μὲ τὸ κουιβί τθὸ χέρε.
Ἔα πουλί τθὸν τόπο ντι ἔα τθα καϊκοιτζίαι,
να ἄτσου τὰ κουδούνια ντι νά βάλου ἄβα τσαινούρτζα.

これと同じ歌をローマ文字に書き換えたものが下記である。

Poulatzi ema ekha t-tho kouivi tse meroute ni ema ekha
takhigha ni ema zakhari poïkikha ema mosko
tse apo to mosko to persu tse apo ta mirodia
eskantaliste to kouivi ts' efintze moi t' aidoni.
Ts' afegi ni ekei tsinighou me to kouivi t-thi chere
Ea pouli t-thon topo nti ea t-tha kaïtitziai
na atsou ta koudhounia nti na valou ava tsenourtza.

そして、それを日本語に訳したものがこれである。

私は鳥かごで小鳥を飼い、幸せにさせていた
私は小鳥に砂糖とワイン用のブドウをあげた
すると、大量のブドウとそのエキスのせいで、
小鳥はやんちゃになり（つまり酔ったのだろう）、逃げた。
すると今度は、飼い主は鳥かごを手に小鳥を追いかけた。
戻っておいで私の小鳥、おまえのいるべきところへ、おまえの家へ
おまえの古い鈴は外して、新しいものを買ってあげよう。

句

θoráka to spore s area ni ríxno –

私は彼が少しずつ種を蒔いているのを見た

Éxo ma trijité t ambéλ –

私はブドウ畑を収穫したところだ

Paríu ts o mbapú na kópsi kai̲δía ja ta prúata η' orái tam brováta paría δraηínda –

祖父はヒツジのために枝を切りにくる途中で、
雄ヒツジが走ってくるのを見た

Eci orúa san trajá, áli san
ónu tʃáxunde –

彼女は数匹がまるで雄ヤギのように走っているのを見た

Eη éxu δeitá tan ejíδa –

私はそのヤギを縛りあげた

I λúci im barínde tʃúnde ta ç ciná –

オオカミがヤギを食べにきた

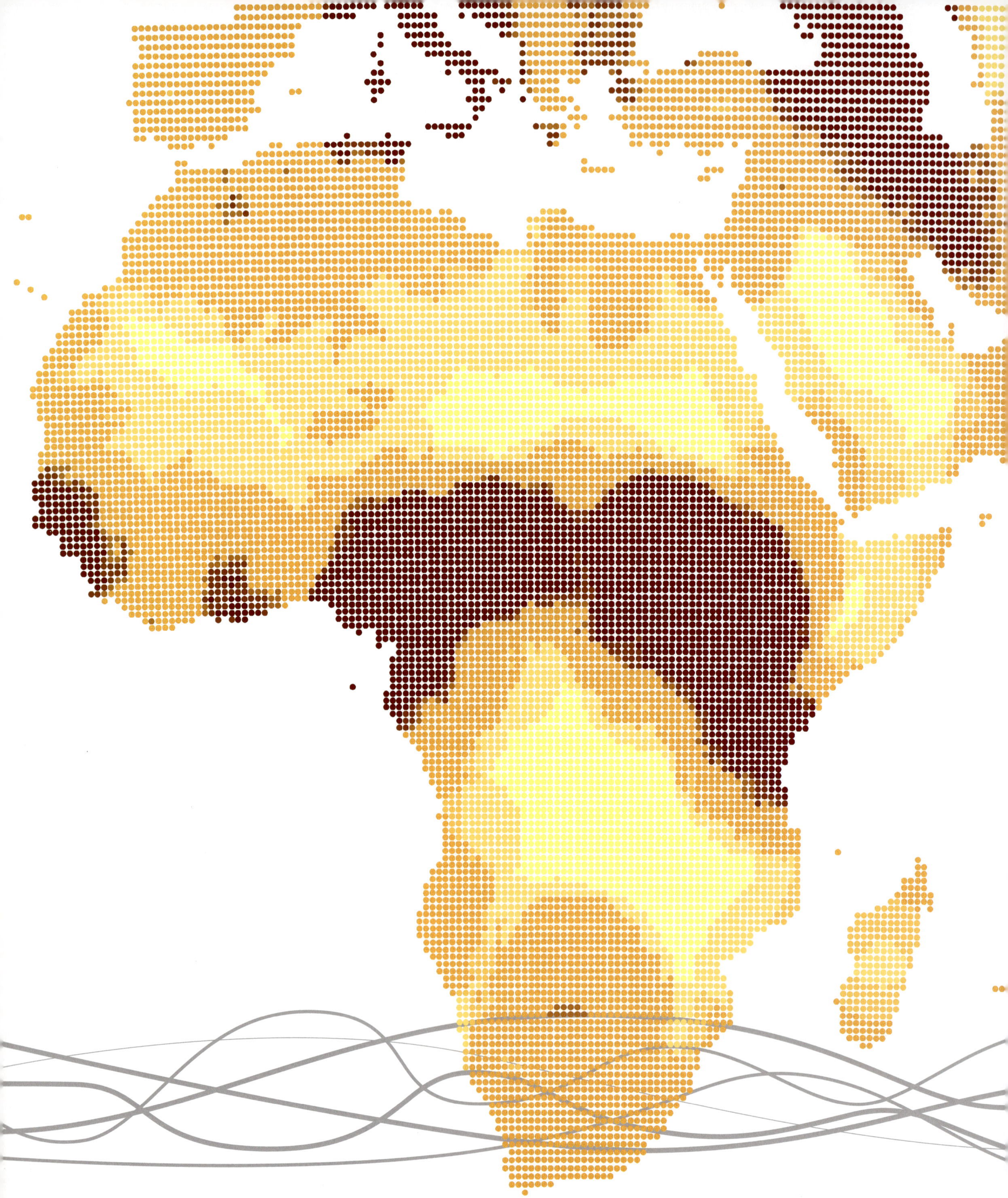

アフリカの言語

47の国と6つの島国から成るアフリカは、世界で2番目に大きい大陸である。そこでは10億人が暮らし、2000以上の言語と何百もの異なる方言が話されている。

アフリカの言語の大部分は、3つの大きな語族、アフロ＝アジア語族、ナイル＝サハラ語族、ニジェール＝コンゴ語族に属する。この他に少数のコイサン（または、吸着音）語族、かつての植民地支配による、インド＝ヨーロッパ語族の言語とともに、いくつかのクレオール語、そしてオーストロネシア語族のマラガシ語が用いられている。

言語数でいえば、ニジェール＝コンゴ語族はアフリカ大陸最大の語族である。ヨルバ語、イグボ語、アカン語のような言語は、西アフリカ、中央アフリカ南東部、南アフリカの数千万人によって話されている。一方、よく記録されているバントゥー語派は、地理的にはほかの語族の合計よりも広い地域に及ぶ。

バントゥー語派は、現在のナイジェリアとカメルーンがある地域を起源とし、そこから東はケニアとタンザニア、南はアンゴラから南アフリカまで、数千年のあいだ綿々と続いた移住によって、アフリカ中に広がった。

バントゥー語派のひとつであるスワヒリ語を母語とする人々は、大湖沼地域とケニアとタンザニアの海岸部に定着した。彼らはそこで、オマーンやペルシャ湾から来た商人と接触するようになり、商人たちの文化の影響だけでなく、アラビア語も受け入れた。実は、まさにスワヒリという名称は、「海岸」を意味するアラビア語の形容詞 sawāhilī に由来する。

今日、スワヒリ語には500万人以上の母語(ぼご)話者がいるが、植民地時代および植民地解放以後を通して継続的に奨励され続けた結果、ケニア、タンザニア、ウガンダ、ルワンダ、ブルンジ、コンゴ民主主義共和国（DRC）の8000万人に及ぶ人々によって、リンガ・フランカとして使用されている。表記法が作られ、教育とビジネスの場で幅広く使われ、アフリカの4カ国で国語もしくは公用語としての地位を認められたことで、スワヒリ語はますます力をつけた。だが、成長に犠牲はつきものだ。ケニア、タンザニア、DRCのような国々は、多言語環境における言語政策の複雑さと格闘しているが、土着(どちゃく)言語の多くは主流派の優勢な固有言語に負けつつある。

アフロ＝アジア語族は北アフリカとアフリカの角とよばれる地域、そして半乾燥移行地帯のサヘル全域で話されている。世界に現存する語族のうち、アフロ＝アジア語族には、古代エジプト語とメソポタミアのアッカド語を入れると、最長の書記の伝統がある。今日では、アラビア語、アムハラ語、ヘブライ語が属するセム語派、ソマリ語とオロモ語などのクシ語派、広範囲に話されているハウサ語のようなチャド諸語、そして多くのベルベル語派を含む、多数の語派がある。ベルベル語派は、現在はタマズィフト諸語の呼び方のほうが、より広く知られている。

歴史的に、タマズィフト語は、カナリア諸島の西岸部からエジプト、さらに中東の境界まで、北アフリカを横断するように切れ目なく話されている。7世紀から始まったアラビア人による植民地化は、その後、タマズィフト語話者の共同体を徐々に細分化させる結果を招いた。アラビア語の使用が広がると、多くの人々が社会へ適合する道を選び、アラビア語を話す環境で子孫を育てたいという意識から、母語を捨てた。一方、タマズィフト語を手放さなかった人々もいたが、アラビア語からの借用語をよく使った。両方の言語集団とかなりの接触がある地域では特に顕著だった。地理的にも、政治的にも分断していった結果、今ではタマズィフト語を起源とする多くの異なる言語と方言が存在する。それらすべては、程度はさまざまながら、互いに通じ合う。

20世紀半ば、北アフリカの国々が独立を果たしたとき、アラビア語はその地域の公用語に宣言された。タマズィフト語の話者は、母語での会話をやめるよう盛んに促された。それにもかかわらず、多くの人々が伝統的な方言を使い続けた。アラビア語と併用する場合も多かった。今日では、タマズィフト語の話者は、モロッコでは国民の約50%以上、アルジェリアも同程度であり、そして他にも小規模ながら、サハラ砂漠のはるか南のニジェールとマリに使用地域が残っている。

大陸西部には、もうひとつのアフロ＝アジア語族の言語が根づいている。ハウサ語は、約5000万人に、第1言語または第2言語として話されている。ハウサ語はニジェール、チャド、ナイジェリア北部の土着言語だが、もっと広い西アフリカ全域で、通商語として使われる機会が増えたことで、話者がもっと少ない伝統的な言語の多くを後退させている。ハウサ語の影響がとても強い地域では、25万人の話者がいるバデ語のような言語でさえ、脅威に直面している。

中央アフリカの特色は、200以上のナイル＝サハラ語族の言語が存在することだ。そのなかには、ソンガイ語、カヌリ語、ヌビア語とナイル諸語の言語が含まれる。ほかのアフリカの言語と同じように、勢いのあるものもあれば、政治的、社会的圧力によって、話者がほかの主要言語、たとえばカヌリ語、ルオ語、またはしだいに優勢になっているアラビア語などに切り替えたために、危機に見舞われているものもある。

コイサン語族は、この大陸で最少の言語グループだが、もっとも重要かもしれない。というのも、人類の言語の発達においてそれらが果たした役割について、言語学者たちが議論しつづけているからだ。頻繁に使われる吸着音の子音を特徴とするコイサン語族は、かつてはアフリカ南部で広く話されていたが、現在はカラハリ砂漠とタンザニア中央部に長く伸びる大地溝帯地域に限られる。ナマ語で「人」を意味するkhoekhoeと、「灌木の茂みに住む者」を意味するsaanに由来する、まさにKhoisanという語は、この語族の多くの話者の、孤立した少数派という立場を反映している。社会的、経済的な力に屈服した多くの話者は、すでに多数派言語に移っており、多数のコイサン語族の言語が危機に瀕している。

植民地独立以後における英語、フランス語、ポルトガル語の使用は、アフリカ大陸全体に広くとどまり続けているが、これらの言語にアフリカの少数派言語が話者を奪われているのではなく、もっと広く話されるアフリカのほかの言語に奪われているのだ。各国政府がさまざまな土着の民族を統合するものとして、言語の均質化を求め続けるかぎり、言語はより優勢な固有言語に取り込まれ続けるだろう。

植民地支配とそれに続く脱植民地化は、アフリカ土着言語に多大な圧力を与えてきたが、アフリカに2000ある土着言語の存続力に関することとなると、影響を与えている圧力の要因はほかにもたくさんある。言語がひじょうに多様な地域では、ある程度の言語の移行は避けられないが、アフリカ大陸全域では、多様な文化的、社会的、宗教的、政治的、地理的、経済的要因が移行を早めている。

何世紀にもわたり、ケニアのヤーク族とスバ族のような部族は、狩猟採集民として暮らしていたが、近隣部族の理想的な生活に合わせる必要に迫られ、他部族のような牧畜生活、価値観を取り入れるようになり、ついには言語も採用した。タンザニアのハッザ族のように、真の遊牧生活を守ってきた部族はほんのわずかだが、そういう部族でさえ、部族の居住地に近い都市部に定住する者がで始めたため、固有言語の話者は減りつつある。

スーダンと南スーダンのような地域では、そうした脅威はすぐそこまで迫っている。長い内戦の歴史は大きな打撃を与えてきた。今日では、両国で話される100以上の言語のうち、65言語が危機に瀕している。その原因は、難民の移動、民族紛争、スーダン・アラビア語の急成長だ。

難民化は、アフリカ大陸の多くの地域で、言語学にとって重要問題だ。2013年、サブサハラ・アフリカ国内だけで難民は1250万人、それに加えて、国際難民は数百万いると推定された。北アフリカでの状況も、最近の紛争の結果、悪化している。戦争、旱魃(かんばつ)、貧困によって人々は故郷を追われ、行きつく先では、生き延びるために新たな言語を速く身につけなければならない場合が多い。

アフリカの言語に対する圧力は無数にあり、その内容は大陸内の地域や個々の国によって大きく異なる。ちょうどいくつかの地域が繁栄しているように、アフリカの個性的で変化に富む言語のいくつかは数多くの話者をもつが、あとの無数の言語は危機に瀕している。活気に満ちてはいるが、問題を抱えたこの地の未来を見越すのは不可能だ。しかしながら、古い言語の多くは、未来においてその一端を担うことはきっとないだろう。

スバ語 Suba

話者数：10万人

地域：ケニア、タンザニア

ユネスコによる消滅危険度評価：脆弱

スバ族はケニアにおいてもっとも近年になって定着した部族と思われている。言い伝えによると、彼らは18世紀初めに、ウガンダからヴィクトリア湖を渡り、ルシンガ島とムファンガーノ島に住み着いた。ほかにも、さらに南のタンザニアはマラ州のタリメ県へ向かった者もいた。

彼らが選んだ湖畔の自然環境によって、スバ族は漁業と舟造りの優れた技術を獲得した。それらの才能は、近隣のルオ族と交易をするようになったときに大いに役立った。遊牧民のルオ族は、牧畜社会を形成しており、スバ族よりはるかに人口が多い。2部族間の交易と相互の往来が盛んになると、スバ族はだんだんとルオ族の慣行、習俗、そしてルオ語さえも取り入れていった。

20世紀初め、この地域に来たカトリックの布教団は、ルオ族を通して、まるで自分たちもルオ族であるかのように、スバ族社会に接近した。このことは、ルオ族が支配的でより名声のある地位であることの反映であり、当時すでに進行中だったスバ族に対する不平等な扱いを決定づけることとなった。この状態はイギリス植民地時代にも存続し、1963年のケニア独立以降も続いている。

ケニア全土では、40から70の異なる言語が話されていると推定される。英語とスワヒリ語は公用語で、一般の生活に普及している。先住民の言語で、ルオ語、ルヒヤ語、キクユ語の3言語を除けば、主流派として認められたり、教育支援を受けたりしているものはほとんどない。スバ語は、すぐそばにもっと優勢な土着言語があることが圧力となり、言語と同じ名をもつ社会に共通の固有言語としては、急速に使われなくなりつつある。

現在、スバ語話者の多くはすでに中年以上になっており、世代全体が、親族にスバ語を受け継がせるという大切なことを避けている。現在、スバ語を母語として話すのは、スバ族10万人のうち3分の1しかいないと推定される。残りの人々は集団的に、あるいは意識的にルオ語に移行した。

現在、ケニアの言語のうち合計13の言語が危機に瀕していると考えられている。そのうちスバ語だけが、バントゥー語群に属する。世界の語族中最大規模のニジェール＝コンゴ語族の下位語群を代表するバントゥー語群は、アフリカ全域で500前後の言語が話されており、1世紀以上ものあいだ、言語学者による広範な研究の対象となってきた。その結果、スバ語の保護に関しては外部から関心が集まるとともに、ケニア教育省からの支援も増えている。

いくつかの小学校では、スバ語プロジェクトが試行されてきた。そして、この言語を記録に残したり、教材を作ったりするプログラムが開発中である。伝統的なスバ族の文化的な祭事も活力を取り戻しつつあり、固有言語によるラジオサービスが提供され、健康や持続的農業、漁業、若者のエンパワーメント、スバ族の言語と文化に関する番組を毎日放送している。

スバ族は、ケニアの一民族集団としての公式な認定を欠くため、彼らの未来はまったく確かなものではない。しかしながら、言語を記録に残して教えるという取り組みは、土着民が彼らの遺産である言語を回復するための第一歩であり、それはスバ語にとって希望の兆しである。

スバ語

多くのアフリカ先住民の文化と同様に、民間伝承と精霊（せいれい）は、スバ族の文化で重要な役割を果たした。万物の神カトンダ（Katonda）は、大地と動植物の創造主エリウア（Eriwua）としても知られた。彼らの先祖の霊はオムサンブワ（Omusambwa）として知られ、エキバガ（Ekibaga）という神聖な場所に住んだ。先祖代々伝わる祝いの儀式の特徴は、部族の長老が村中に響き渡らせる叫び声、オルクウェーリ（olukweeri）である。

語

omwana – 子供

omwala – 少女

omugaka – 男

omukazi – 妻

omuaruku –（一夫多妻制の）妻

awagaka – 男たち

omwizukula – 孫

okugulu – 脚

omutwe – 頭

okukono – 手

omwambe – ナイフ

ekitabu – 本

omufuko – 鞄

omutoka – 車

omuti – 木

engoko – ニワトリ

embua – イヌ

gubwa – 悪いイヌ

enyamu – ネコ

enzovu – ゾウ

句

Awaana waria ipapaai
子供たちがパパイヤを食べている

Ekikere kiduma-duma
そのカエルは飛び跳ねている

Awaana wanoga ensaafu kuomuti
子供たちが木から果実をもいでいる

Awaana wakuria engoko
少女たちは鶏肉を調理している

Embuzi zinywa
そのヤギたちは水を飲んでいる

Enyonyi eri ku olusala
その鳥は木に止まっている

Omuala okugula engege
その少女はティラピア魚を買いにいくところだ

Awaagaka wakuba entaka mu ekidwori
その男たちは場内で物語を語っている

ハヅァ語 Hadza

話者数：975 人

地域：タンザニア

ユネスコによる消滅危険度評価：脆弱

タンザニア北部の、岩がちな、木に覆われた平原の広大な地域に、小さな集落に暮らす人々がいる。彼らは農耕が始まる以前の魅力的な生活を垣間見せてくれる。ハヅァ族は、東部地溝帯に位置するエアシ湖に近い領域を何万年も前から占有し、狩猟採集をして生き延びてきた。近隣の部族たちが生活と経済的利益のために農耕に変わっても、ハッザ族は時代に合った習慣を避け、非定着的な生活様式を選び、ほとんど財産を持たずに、季節と資源に合わせて年中移動した。

今日では、近代化の魅力に屈して、村落のそばに定住し、最低限の生活に賃金を得る機会を取り入れている。収入源の大部分は、地元の観光業だ。人口1000人のうちの3分の1は、伝統的な生活様式を維持し続け、現代世界とはまったく接触をもたずにいる。

原始的な生き方にもかかわらず、ハヅァ族の食はとても安定し、変化に富んでいる。乾季には、大型動物や、小さな木の実、種子、栄養豊富なバオバブの果実が、彼らが暮らす地域を探せば豊富に見つかる。雨季には探すまでもなく、小動物、根茎類、蜂蜜、さまざまな果実が見つかる。年に何度かは、ヒヒを追跡する遠征がおこなわれる。これは、ハヅァ族の青年男子にとって一種の通過儀礼のようなものだと思われる。

主に、手に入る資源を共有する必要から、ハヅァ族はたいていは30人以下の集団で暮らす。集団内では全員が平等だ。集団の組織は、彼らの生活様式のように流動的で、個人はある集団から別の集団へと頻繁に入れ替わる。個人どうしの関係性が理由の時もあれば、集団内の対立を平和的に解決するための場合もある。

20世紀、ハヅァ族の伝統的な生活様式は多くの脅威に見舞われた。イギリスの植民地政府によって彼らに農耕生活を強いる試みは、大きな抵抗に遭った。植民地統治から独立後は、定住村への移住政策で大勢が病気にかかり、そうでない者は、慣れ親しんだタンザニアの荒涼とした灌木(かんぼく)地域へと逃げ戻った。しかし、今日依然として自然の住環境に暮らしてはいる者に対しても、土地問題、観光業、農業が社会に及ぼす影響は、ハヅァ族の文化と言語に、かつてないほどの試練を与えている。

ハヅァ語は吸着音(きゅうちゃくおん)をもつ孤立言語で、ハヅァ族にしか話されていない。現在使われているほかのどの言語よりも、人類最初の言語と近い関係にあるのではないかと信じる言語学者と人類学者を魅了してきた。かなり話者が少ないわりに、ひじょうに安定したままだが、言語の生命力がハヅァ族の人々の孤立に直結していることは、疑問の余地がない。

ハヅァ族は、伝統的な実践的訓練の妨げになるとして、学校教育を避けるが、なかには、タンザニアの公用語で国民の大半が話すリンガ・フランカであるスワヒリ語との2言語を併用するか、イサンズ族やスクマ族のような、地域の有力部族の言語の2言語を併用する者もいる。主流社会に加わることのメリットを、依然として疑っているかぎり、彼らの言語は生き延びるだろう。だが、周囲にある定住社会の生活との統合が進めば、最終的にはハヅァ族の非定着的な生活様式に終わりが訪れ、それとともに古くからある独自の言語も消えるにちがいない。

ハヅァ語

ハヅァ族の放浪的な生活様式では、時間に追われたり、量や長さを計ったり、数を数えたりする必要がほとんどない。その結果、ハヅァ族固有の言語には、数字は1を表す itchâme と2を表す pîhe しかない。3にあたる sámaka は、ダトゥーガ語からの借用語、4と5と10――bone、botáno、ikhúmi――は、すべてスクマ語からの借用語である。ほかの数を表現する必要があるときは、スワヒリ語をそのまま使う。

エペメ（epeme）というダンスは、ハヅァ族のもっとも重要な儀礼で、通常は月が出ていない夜におこなわれる。ハヅァ族の文化には、呪術や精霊（せいれい）、宗教的な体系に関する事柄はほとんどないが、彼らはエペメが、アカカーネベ（akakaanebe）またはゲラネベ（gelanebe）として知られる祖先を灌木（かんぼく）の茂みから引き寄せ、舞踊に加わらせると強く信じている。

ハヅァ族にとって狩りは基本であるため、多くの動物には名前がふたつある：生きているときの名前と、「勝利を祝う」名前だ。後者は獲物を告げるときに使われる。

一般的な名前	勝利を祝う名前	動物
dóngoko	**hantahii**	シマウマ
zzókwanako	**háwahii**	キリン
naggomako	**tíslii**	バッファロー
nqé, tcánjahi	**henqéhee**	ヒョウ
séseme	**hubúhee**	ライオン
bisóko	**zzonóhii**	ヌー
qqeléko	**zzonóhii**	ハーテビースト（鹿羚羊）
tlhákate	**hukhúhee**	サイ
beggáhuko	**kapuláhii**	ゾウ
wezzáhiko	**kapuláhii**	カバ
neeko	**nqokhóhii**	ヒヒ
khenángu	**hushúhee**	ダチョウ

語

dóngoko – シマウマ

dongobee – シマウマたち

dungubii – 雄のシマウマたち

binxo – 獲物をベルトにぶら下げること

manako unîko – おいしい肉

atibii – 水

ati – 雨

atiko – 泉

haqqa-ko – 石

shenqe – 彼方を凝視すること

exekeke – 聞くこと

khaxxe – 飛び跳ねること

tanche – 狙うこと

penqhenqhe – 急ぐこと

dluzînenko – 私は話している
（話者は女性）

dlozênee – 私は話している
（話者は男性）

スイウィ語 Siwi

話者数：1万5000人

地域：エジプトのシワ・オアシス

ユネスコによる消滅危険度評価：危険

別称／別表記：シワ語、ツィウィト語、タシウィト語、
ゼナティ語、タマズィフト語（総称）

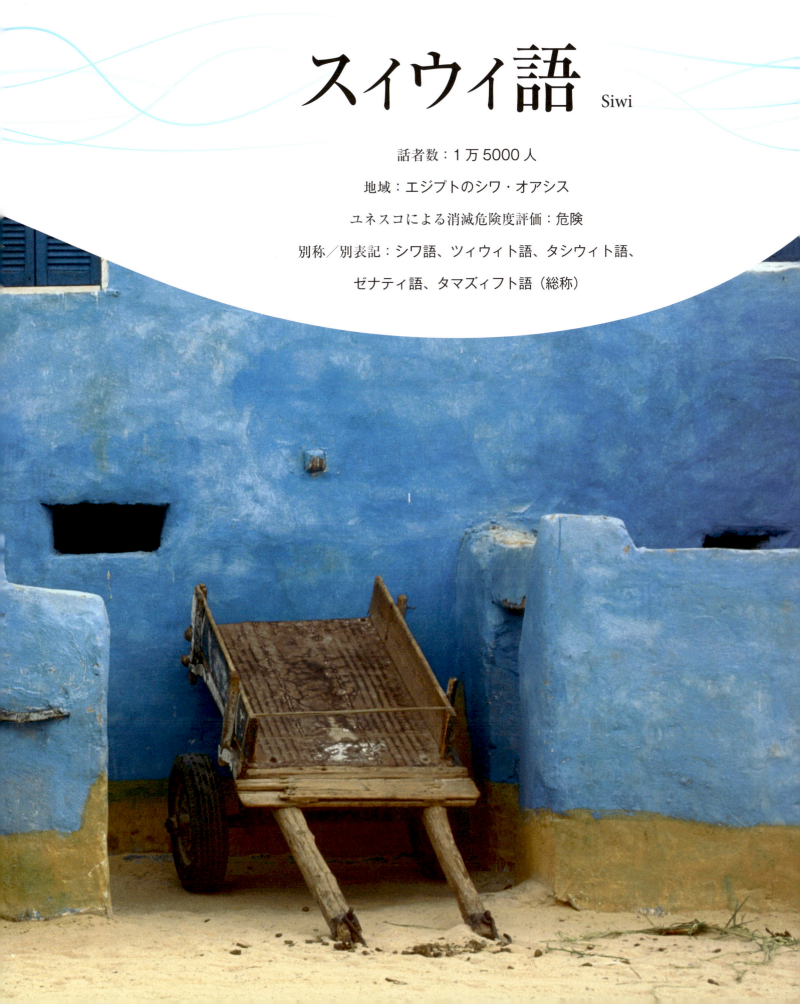

エジプト北部、サハラ砂漠の盆地に位置するオアシスの町シワは、ナイル川の西500km、地中海から250km、リビアの国境からわずか60kmのところにある。住むには適さないこの乾燥地帯は、古来からのベルベル族の故郷だ。彼らはこの地域に数千年前に住み着いたと考えられている。

シワ族として知られるこの部族は、20世紀までほぼ孤立状態を保った。彼らの土地へは、マグレブとカイロの間を走る厳しいラクダ道を通ってしか行くことができない。かつてその道は、その土地で栽培されたナツメヤシの実やオリーブの実を出荷したり、たまに交易品を運び込んだり、メッカへ向かう途中の巡礼者を運んだりするために使われた。19世紀までエジプトから独立しており、隔絶された環境のおかげで、シワ族は独特な文化を発達させた。シワ族の文化は、古代エジプトの子孫よりも、彼らの西に位置するベルベル族社会とのほうが、共通点が多かったが、シワ族の文化が生まれた砂漠の盆地に特有のものだった。籠細工（かございく）、陶器（とうき）、刺繍（ししゅう）品、銀製品の特徴的な様式は、エジプトのほかのどこにも見当たらない。その装飾のほとんどは、シワ族の歴史と文化に特有の、個性的なシンボル模様が施されている。

スィウィ語はベルベル語の東端の言語で、アフロ＝アジア語族に属する。アフロ＝アジア語族は、北アフリカ全域で話される言語と方言が属し、南はブルキナ・ファソ、東はモーリタニアまで達し、大陸北岸に沿ってモロッコから、はるかエジプト西部まで広がっている。シワ族の工芸品と同様、彼らの言語も、ベルベル語の起源と、幾世紀にも及ぶアラビア語との接触、その他にも、移民や奴隷、交易者、巡礼者など、サハラを横断する過酷な旅の休息地としてオアシスを使う者たちの言語との接触という、独特な組み合わせによって形成されてきた。

現在、シワには約1万5000人が暮らしており、さらにすぐ近くのガラという小さなオアシスと、リビアの国境を越えてすぐのジャグブーブには、シワ族の小さなコミュニティがある。ほとんどがスィウィ語を母語（ぼご）として話し、公用語のアラビア語と併用する。

シワと地中海の海岸、カイロ、エジプト南部を結ぶ、タールマック舗装の道路は、1980年代についに完成した。新しい連絡路は商業と観光業に新たな機会をもたらし、シワ族の経済に急成長を引き起こした。それとともに、成人の話者が自分に利益があると信じてアラビア語を好んだり、彼らの子孫が商業と教育に有利なほうの固有言語を使ったりする傾向が認められた。

スィウィ語は優れて口頭言語であり、正式な書記法がないため、この言語が使われるホームランド、それに現代エジプト全体に影響を与える社会的、政治的、経済的な力のなすがままになっている。しかし、依然として言語学者の興味の源であり、独特な形態論が熱心に分析されているものの、固有の言語の保護に時間または関心を傾ける者は、シワ族にほとんどおらず、長期的に存続する力をもつかどうかに関しては疑問が残る。

スィウィ語

シワ族は、独得の陶器、刺繍、衣料品、宝飾品で知られている。特に名高いのは、銀（アルファタット、alfattat）製の首飾りや耳飾り、腕輪、垂れ飾り、指輪であり、それらは伝統的に結婚式や重要な機会に婦人が身に着けるものである。もっとも有名なのが、銀製の大きな円盤型をしたアドリム（adrim）だ。これはアグロウ（aghraw）という首輪に付けるペンダントである。ひとたび結婚すれば、シワ族の女性は、公衆の面前ではマラヤ（Malaya）という青灰色の大きなガウンを着る。

語

oma – 母

aba – 父

ama – 兄弟

weltma – 姉妹

ababa – 祖父

omama – 祖母

taltienw – 妻

atigal – 妻の父

azul – やあ、こんにちは

azul felawen – みなさん、こんにちは

keem – いらっしゃい

axfi – 頭

ttawayn – 目（両目）

tamezzuxt – 耳

ambu – 口

tmart – あごひげ

fus – 手

tfukt – 太陽

leymam – 雲

draren – 山々

aman – 水

alyem –ラクダ

agmar – 馬

jelibb – ヒツジ

tfunast – ウシ

axi – 牛乳

aksum – 肉

tiara – パン

téni – ナツメヤシの実

tazemmurt – 油

オンゴタ語

'Ongota

話者数：８人

地域：エチオピア

ユネスコによる消滅危険度評価：極めて危険

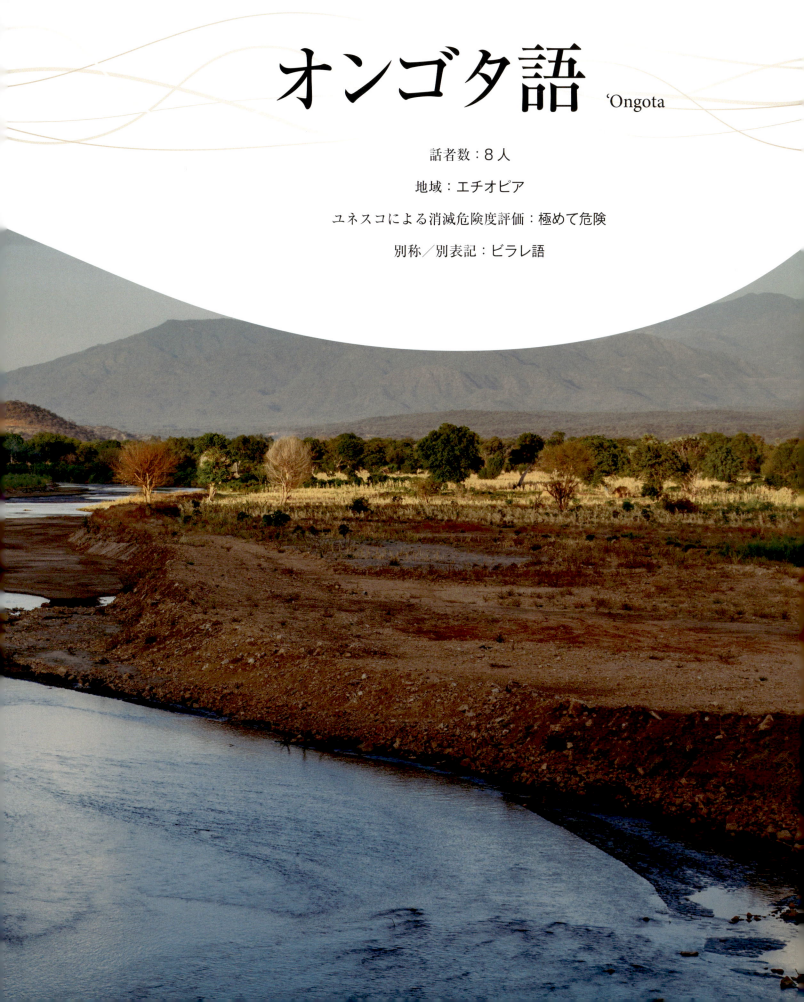

別称／別表記：ビラレ語

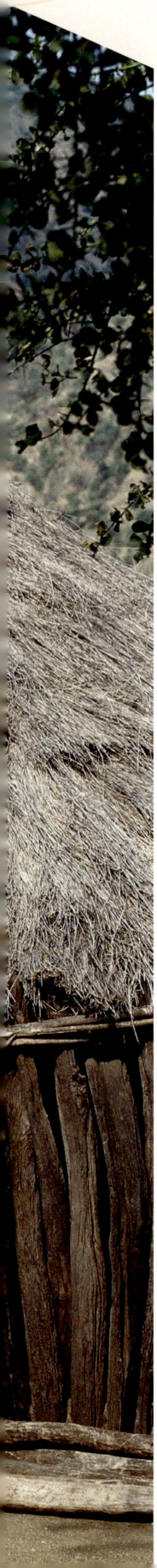

エチオピア南西部、うっすらと林に覆われたウェイト川の岸には、長い歴史をもつ共同体、オンゴタ族が暮らす。彼らの起源は不明だが、言語の特徴にはアフロ＝アジア語族とナイル＝サハラ語族、両方の影響が見られることから、南部諸民族州（SNNPR）のこの一角に共に住み着いたさまざまな民族が起源だと考えられている。

この地域は、民族的にも言語的にも、エチオピアでもっとも多様である。国内には合計80以上の個別の言語があり、それらは5つの大きな言語グループに属し、その半分は南西部に見られる。エチオピアの言語のうち、28言語が危機に瀕している。その他はすでに消滅し、8人しか話者が残っていないオンタゴは、間もなくそのあとに続くことになる。

伝統的に、オンゴタ族は主に、魚撈、狩猟と採集、養蜂で生活していた。この地域の他の部族とは異なり、彼らは耕作をほとんどせず、牛の飼育も避けた。彼らの土地にはびこるツェツェバエの破壊的な影響を受けて、あきらめたのかもしれない。自給的な生活様式は、オンゴタ族が近隣部族からほぼ孤立状態を保つ原因のひとつだったが、そのうち土壌劣化と川魚の減少が、大きな打撃となり始めた。彼らは徐々に他の共同体、特に、すぐそばのワイト川西岸地域を支配するツァマッコ族と、関係を築かざるをえなくなった。

人口1万人を越えるツァマッコ族は、経済的にも社会的にも、そして言語的にも優勢だった。多くの者が、オンゴタ族の原始的な生活を見下し、彼らの異質な言語を物笑いの種にした。それがオンゴタ語に大きな影響を与えた。オンゴタ族がツァマッコ族の生活に組み込まれると、多くの人々は自然と新しい共同体の共通語を取り込み、そうでない者は意識的に自分の母語（ぼご）を捨てる努力をし、低い地位の汚名を払拭しようと躍起になった。親から子へ伝えられてきたオンゴタ語は、わずか2世代で途切れてしまった。

エチオピアの識字率は人口の平均40％未満にとどまっている。これは地方部だとさらに低いレベルになる。教育の主要言語は、国の公用語であるアムハラ語である。地域によっては、それぞれの民族集団の言語による教育もおこなわれるが、オンゴタ族の場合はこれとは大違いで、彼らの母語で教育を受ける必要のある者は、ずいぶん前からもういない。

最近のユネスコの観察に基づくと、現在、世界で話されている言語のおよそ半数が、2100年までに消滅するだろうと推定される。発見すらされないまま消滅するものもあれば、資料としてまとめられることもなく、生き残っている話者もないので、独自の特徴を記録されることもないまま、歴史書に名前だけが残るものもある。

幸いなことに、数名の言語学者はオンゴタ語に注目し、残っている話者との記録作業に時間を割き、文字に残し、翻訳をおこなっている。オンゴタ語を話す最後の世代が永遠に失われるまえに、作業は終わろうとしているが、実用される言語としてのオンゴタ語はすでに過去のものと言っていいだろう。

オンゴタ語

オンゴタ語は音調(おんちょう)の変化が独特で、過去時制と非過去時制とを区別するために使われる。オンゴタ語の語彙の20%は、ツァマイ語からの借用語か、同言語との供用語だ。これは、ふたつの部族が隣接して暮らしてきた結果である。

オンゴタ語	ツァマイ語	日本語
lu:	‘lu:	ウシ
lu’kal:I	‘lu:kale	ニワトリ
‘siliti	‘siliti	羽
‘muz	‘mu:zi	バナナ
‘bisku	‘bizako	花
‘gami	‘game	トウモロコシ
‘bora	‘boraho	種子

語

áxaco – 太陽

biya – 大地、土地

oxoni – 火

olla – 村、集落

ayma – 女

ayyane – 母

akka – 祖父

inta – 男、夫

iila – 息子たち、少年たち

iiste – 首

hooka – 胸

gibila – 膝

kirinca – 足首

aka – 足、脚

動物

óxaya – ライオン

mirila – チーター、ヒョウ

oršatte – サイ

qalaya – ハイエナ

kermayle – シマウマ

gunture – ハーテビースト（鹿羚羊）

dúbaza – マングース

dangadangaco – ヤマアラシ

balgo – ダチョウ

diga – フクロウの子

donka – サイチョウ

kúrruba – カラス、ワタリガラス

atolla – ハト

kufe – カメ

muqotte – カエル

qode – カタツムリ

kára – 魚

バデ語 Bade

話者数：25万人

地域：ナイジェリア

ユネスコによる消滅危険度評価：脆弱

ナイジェリア北東部のヨベ州は、政治的、経済的、言語的に大きな変革期を迎えている。この地域には、カレカレ族、ンギジム族、ンガモ族、バデ族を含む、多くの民族集団が暮らす。各民族集団はそれぞれ固有の言語をもつが、すべては西チャド諸語内の同系言語である。

上記の民族集団のひとつ、バデ族は、14 世紀にこの地に住み着いたと考えられている。彼らの起源は不明だが、言い伝えによると、バデ族はイエメンの都市、バドルを起源とし、西へ追いやられて、ナイジェリア北部の、南と西と東へ広がるこの乾燥地帯を占有するようになった。この地域は、現在の市場町ガシュアである。

乾燥気候のため、バデ族が農耕をおこなうことは自然により制限されてきた。しかし、雨季はヨベ川で漁をする機会に恵まれ、ピーナッツ、アワやキビ、モロコシ、綿花、たばこの栽培にも成功してきた。ヒツジとウシも育ててガシュアの中央市場で売った。ヨベ州でさまざまな鉱物資源が発見されたことで、さらに好機に恵まれ、経済成長が加速している。

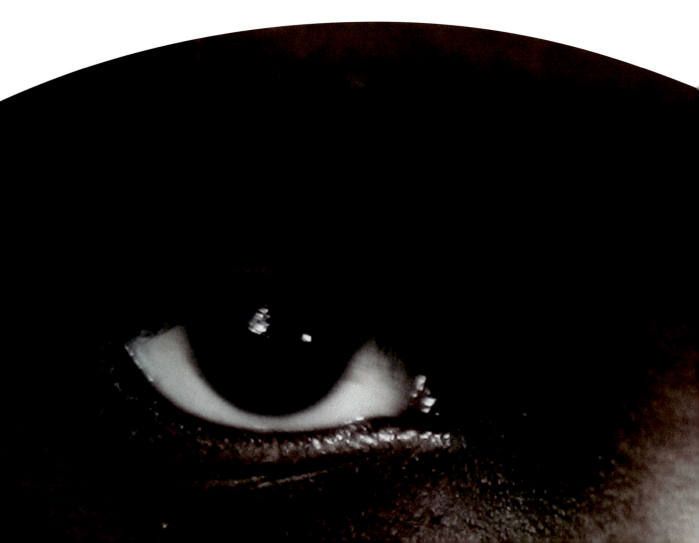

ナイジェリアは36の行政上の州と、連邦首都地区のアブジャに分かれる。ナイジェリアには伝統的な国すなわち首長国もたくさんある。もはや政治的な権力はないが、国内では一般に広く認識されている。ガシュアはバデ首長国の首都になって数十年が経ったが、そのあいだに著しく成長し、数十万人が暮らすまでになっている。

ガシュアの発展は急速な都市化に拍車をかけ、バデ族のみならず、ナイジェリアの多くの民族集団が、伝統的なバデ語を圧迫することになった。元来、複数の異なる方言の存在によって特徴づけられていたバデ語は、他言語の話者が移住してきたために、言語の多様性が増すというさらなる試練に直面している。その結果、より広域で話されるハウサ語が、多様な民族集団間の日々のやりとりに使われる町の共通言語として、徐々にバデ語に取って代わりつつある。実際、それはバデ族内でも同じ状況だ。教育、商業、行政の場では英語が公用語となっているため、バデ語の長期的な持続力はかなり不確かである。

ナイジェリアでは、キリスト教とイスラム教は長い間共存してきたが、北東部の社会的不安がこの地域を脅かしている。推定では、過去4年間だけでも、数十万人が故郷の地を追い出され、ナイジェリアの他の地域や、国境をこえたチャド、カメルーン、ニジェールに移住した。2013年、グッドラック・ジョナサン大統領は、反乱軍による多発攻撃に対応し、アダマワ州、ボルノ州、ヨベ州全域に非常事態宣言を発令した。状況はますます危険になりつつある。

25万人の母語（ほご）話者がいるにもかかわらず、バデ語は危険にさらされている。教育の場がなく、専用の表記法がないため、この独特の言語と文化には恒久的な記録がほとんどない。バデ語の存続には、使用促進と資料の作成が必要だが、都市への移住、社会不安、政治的動乱が重なり、バデ語は日常生活から消えようとしている。残っている話者たちの頭のなかは、彼らの言語以外の優先事項で占められているにちがいない。

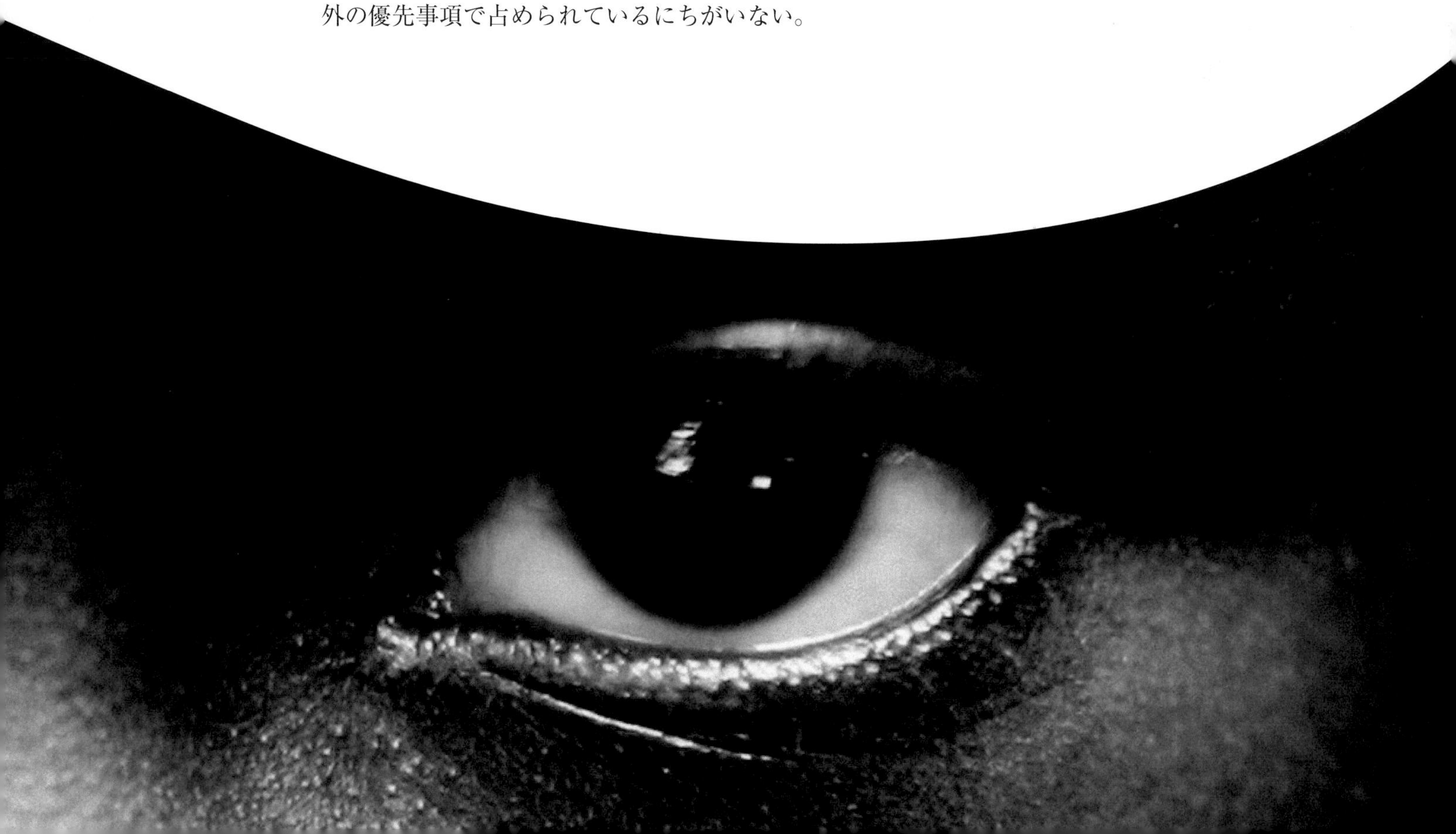

バデ語

民話、諺、そして歌謡は、伝統的なバデ族文化をおもな主題にしている。つぎにあげるのは、一般によく知られるリスとホロホロチョウの民話（Musa Gana Yiin）からの抜粋である。

Nna no kaya ika savanyi no da dari nama, "A! Eki atu kəma japtlatkəra mcəno no kəma nə jlamametun' ayum?"

No əbjlam da dari nama, "Wunək Tlama, japtlatkək tlavani mco no gə jlamən' agi?"

Nama, "Jlamən' ayu."

"Jlamən' agi kwaya, a jlamiyane."

Kaya da daritu ma, "A saparatəm diye duwon na, gə saparatu nan a jlamigəm."

"A'a, Wunək Tlama, nə jlamu."

"Gə jlamu?"

"Nə jlamu."

"Gə saparatu?"

"Nə saparatu."

"To, a jawe gak duku na."

さて、リスはホロホロチョウを見て言った、「ほら！　彼女を見て、
あの模様ときたら、僕がつくってあげたのではないみたいでしょう？

ハイエナが言った。「サマの息子よ、あのホロホロチョウの模様は、
あなたがつくったの？」

彼は言った。「僕がつくった」

「あなたがつくったのなら、私にもつくってちょうだい」

リスは彼女に言った。「では、まずは心の準備をしよう、
君が準備できたらつくってあげる」

「ああ、サマの息子よ、もうできているわ」

「できているだって？」

「できているわ」

「覚悟はいいんだね？」

「いいわ」

「よし、鍛冶屋に行こう」

語

àfi – 父

kəkau – 祖父母

gàluwa – おば

yāgànà – 兄弟

dada – 姉妹

sòlak – 義理の父

aikukwà – バオバブの葉（複数形）

jlərbà – マメ科の植物の葉（複数形）

kumâ – マメの鞘（複数形）

āwən – アワ、キビ

kwàlàla – ピーナッツ

gələkfâ – モロコシ

tlà – 雌ウシ

àskìyà – 子ウシ

ùktlu – ウシ

gàlùwau – ヤギ

gàlùwau – ヒツジ

katagwàzàm – ハリネズミ

sâvànyi – ホロホロチョウ

âulai – ウサギ

kantlawalai – モモンガ

kəncər – キリン

kwalalakamâu – ヤモリ

kàngəgì – カメレオン

masana – マングース

dəla – ジャッカル

ègdəm – 鰐（わに）

kàrgûm – サイ

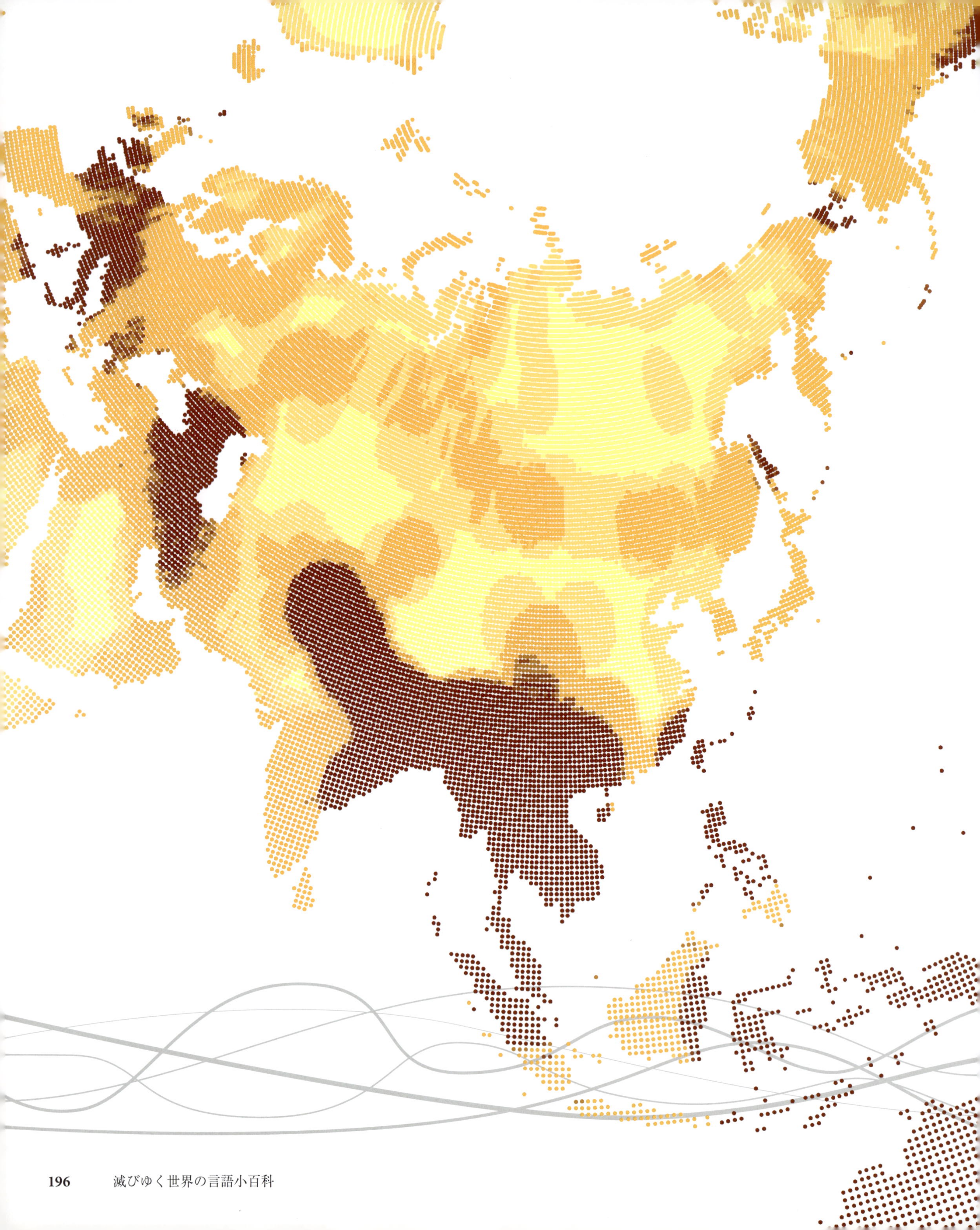

アジアの言語

アジア大陸は世界で最も広大である。世界の陸地部分の3分の1を占めるこの大陸は、中東の砂漠の平原からベーリング海の凍りついた海岸まで、そしてはるか北のシベリアから、ターコイズ・ブルーの海に浮かぶインドネシアの島々まで広がり、その途中にはロシアの大草原とヒマラヤ山脈、島のように点在する多くのオアシスを抱えている。

世界でもっとも人口密度の高い大陸であるとおり、そこに存在する48の国々には40億人を越える人々が暮らし、2300以上の言語が話されている。インドで800言語、インドネシアで600言語、そしてさらに多くの言語が大陸全体に分布している。これらのうち、危機に瀕している言語の割合は50%にものぼる。

20 世紀の油田と天然ガス田の発見以来、アラビア半島は世界でもっとも急速で劇的な変容を遂げた地域のひとつだ。経済の急激な発展は、熟練の労働者にも未熟な労働者にも新たな好機をもたらし、豊かな新生活を手に入れようと、故郷に家族を残した出稼ぎ労働者が、中東と南アジアから押し寄せた。このことがアラビア半島の言語の使用に深刻な影響を与えた。今日では、南アジアからの移民がサウジアラビア人口の約 25%を占め、彼らの大半が第 1 言語として、ウルドゥー語、ヒンディー語、タガログ語、そして他の南アジアの言語を話す。多種多様な文化が集まっているため、共通の意思伝達手段として英語も広く話されている。

アラビア語は半島全域で公用語になっており、移民たちが持ち込んだ言語に影響されずにいる。実際、揺るぎない文学の伝統と、アラビア語による教育の機会の増加があいまって、南アラビアの古い言語は急速に衰えつつある。

戦争と社会政治的な衝突は、言語を危険にさらす主な要因である。近年のイラン、イラク、シリアといった西アジアの国々ほど、それが明らかな地域は他にない。イラン゠イラク戦争時、強制的な徴兵が両国ともに多くの犠牲者を出し、かつて大勢いたアラム語とマンダ語のほか、少数派言語の話者を著しく減少させた。このところ紛争に直面しているシリアから大量に難民が流出したことも、やはり言語に大打撃を与えている。

イスラエルからアフガニスタンの国境まで、イランの 78 言語を含め、合計 100 以上の異なる言語が今でも話されている。しかし、その半数以上が衰退しており、優勢なアラビア語、ペルシャ語、トルコ語、ベルベル語、クルド語によって深刻な危機にさらされている。イランと同じように、アフガニスタンにも多くの少数民族が暮らし、多数の異なる言語を話している。それらの言語の大半はインド゠イラン語派に属する。ハザラギ語、ウズベク語、バローチ語、パシャイ語のように、それが話されている地域で公用語になっているものもあるが、パラチ語やオルムリ語のように、わずか数千人の話者とともにあっという間に忘れ去られ、消滅前に保護も使用促進も、記録に残す取り組みさえも見られないものもある。

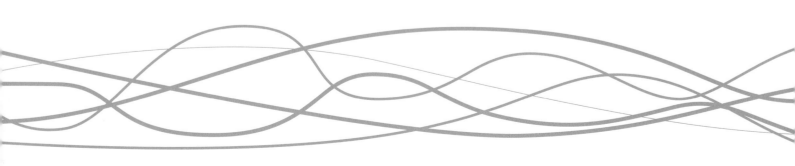

さらに北の旧ソビエト連邦では、鉄のカーテンの崩壊が言語に影響を与え続けている。カザフスタン、タジキスタン、ウズベキスタン、トルクメニスタンといった中央アジアの国々では、ロシアから離れようとする強力な運動がある。キルギスだけは、いまだにロシア語とキルギス語の2言語を公用語としているが、それに加えて英語の習得への関心の高まりが、少数派言語に大打撃を与えている。

ソビエト統治時代は、多くの先住民言語にとって好ましい状況だった。統一言語としてロシア語が広く使われたにもかかわらず、多くの少数派言語も、正書法や規範文法、教科書の作成といった、国家的な促進プログラムの恩恵を受けた。文章規範をもつ言語が、あまり記録化されていない言語よりも有利な立場にあることは確かだが、20年以上前に起きた鉄のカーテン崩壊以降、こうした状況は一変してしまった。

いくつかの地域を例外としてすべての地域において、ロシア語以外の使用を禁止した強硬策が、今ではあだとなっている。今日ではおよそ100種類の言語がロシア国民によって話されており、そのうち59言語がシベリアのみで話されている。もっとも有力なヤクート語は、約50万人が第1言語として話す。ロシアを構成する連邦共和国のうち、自国言語の促進は5カ国でしか認められていないが、ヤクート語はそのひとつであるにもかかわらず、脆弱な危機状態にある。トナカイを飼育する北方地域では、他の勢力が少数派言語に影響を与えている。盛況な石油産業の影響で、共同体から伝統的な生活様式が失われ、繁栄のために多数派言語が採用される。

少数派言語に対する圧力は、ロシア語からのものだけではない。かつてエヴェンキ語は、シベリアの森林地帯の奥地から太平洋岸まで、ずっと切れ目なく話されていたが、他の土着(どちゃく)言語の地域拡大によって縮小されつつあり、エヴェンキ語話者は異なる言語グループに分散し、今度はその言語グループが、ロシア語だけでなく、もっと広く話されているヤクート語とブリヤート語という2つの連邦共和国の言語に、急速に取り込まれている。

中国の社会経済が急速に成長していくなかで、これからの数十年間は中国内の諸言語の未来を定義するうえで、大変重要なものとなるだろう。中国には公式に認められた56の言語があり、それぞれがある程度の保護を受けている。だが、中国と世界の他の地域とでは言語分類が大きく異なる。そして、中国の一地域語だけをとってみても、各種方言の差異は、ヨーロッパのロマンス諸語の各言語間の違いほど顕著である。しかし、均一的な多数派言語を作り出すために、中国の少数言語が意図的に見過ごされる結果になっている。北京（ペキン）語を基にした標準中国語を使う誘因が増加すれば、この国の小さな地域共同体内の言語消失の流れは止まらないだろう。それは、急速に変化する世界の実用的、社会的、経済的な圧力に、少数派の言語が負けてしまうからだ。

台湾（たいわん）という名のほうが有名な中華民国は、オーストロネシア語族生誕の地と考えられている。世界で使用される言語の約5分の1を占めるその語族は、フィリピン、インドネシア、マレーシア、そして東南アジア大陸部の小地域で広く話されており、南はニュージーランド、西は遠くマダガスカルに至る。多くの言語が繁栄する一方で、危機に瀕している言語もかなりあり、そのような言語は台湾においても少なからず見出される。日本の植民地時代以降、この地では前例にないほどの言語消失が起きており、たとえばシラヤ語のように、残っている話者が100人未満の言語もあれば、パゼッヘ語のように、20世紀終わり以降、消滅した言語もある。

南アジアは言語学的な多様性がひじょうに高い。アフガニスタンからインドとネパールを通り、ブータン、バングラデシュ、ミャンマーの北端までを縫うように走る広大な山岳地帯は、数百もの異なる言語の故郷である。小さなグループに分かれたこれらの言語は、どれも話者数はさほど多くなく、ほぼすべての言語は、国が促進するもっと広く話されている言語、たとえばパシュトー語、ウルドゥー語、ヒンディー語からの圧力にさらされている。それらの言語が話される国々では、教育、グローバル化、都市化の影響が同時に作用し、先住民社会の生活を見る影もないほどに変えようとしているからだ。

ユネスコによると、インドは世界のどの国よりも消滅危機言語を抱えている。国家的な支援でいくつかの取り組みはされているが、それらの言語すべてを救うには不十分だ。ヒンディー語と英語は、インドの公用語として重点的に促進され、他にもいくつか地域的な公用語があることから、インドの少数派先住民言語の長期的な見通しは暗い。ヒマラヤ山脈一帯の状況も似たようなものだ。ネパールは少数派の言語を「公用語」として正式に認めているが、それらの長期的な未来を確実にするための支援はあまりに少なすぎる。一方、隣のブータンでは、ネパール語と英語の広範な使用によって、公用語のゾンカ語でさえ置き去りにされている。

東南アジアの特色は、大きな言語学的多様性と、数百もの個別の言語から成るさまざまな言語グループである。タガログ語を基にしたピリピノ語と、相対的に大きい少数派言語からの圧力にさらされて、少なくとも13のフィリピンの言語は、話者がそれぞれ500人以下であり、多くの言語がすでに消滅している。

教育の機会の増加は言語消失を加速させている。なぜなら、東南アジアの少数民族が、公共生活における優勢な言語を読み書きできるようになり、意識的または無意識的に自分たち先住民のルーツに背を向けるからだ。一般的に、民族集団は孤立すればするほど、彼らの言語は残るが、多くは教育や行政、ビジネスにおける主流言語に急速に取り込まれる。しかしながら、いくつかの国、とりわけベトナムとラオスでは、自国の少数派先住民を認知する努力がなされてきており、また、タイの状況は改善されつつある。

アジアの歴史の大部分、少なくとも過去数千年間は、言語のみを通して描くことができる。各言語グループは征服し、定着し、繁栄し、混じりあい、適応し、闘い、または移動する。その間絶えることなく、当該地域で日常使用される言語に消えない痕跡を残す。大陸の規模を考えれば、世界中で言語が直面する無数の問題が、ここで使用される2300言語の歴史のどこかしらに再現されていても不思議ではない。だが、それらの言語がたどってきた運命は変わらないかもしれないが、未来はきっと何らかの驚きを投げかけるだろう。

アイヌ語 Ainu

話者数：15 人

地域：日本の北海道

ユネスコによる消滅危険度評価：極めて危険

アイヌ（民族）は日本の北海道、千島列島、ロシア連邦のはずれに位置するサハリン島の先住民である。彼らの起源は不明だが、東南アジアの島々の先住民グループが北方へ移動したという説から、アメリカ先住民グループが環北太平洋から到達したという説まで、多くの仮説で述べられている。

アイヌ語の地名ははるか南の九州まで見出される。それが示すのは、数百年前に彼らが日本列島の主な4つの島すべてに居住し、その後、和人の移住者に領土を明け渡して北へ追いやられ、はるか北海道にまで達したということだ。彼らはそこにとどまり、ほぼ孤立状態を保っていたが、19世紀の明治維新の時期になると、彼らの領土に関する統制が厳しくなった。ただでさえ辺境へ追いやられていたアイヌは、今度はいつの間にか制限的な政策の対象になり、同化政策を強いられた。このことが彼らの土着文化に破壊的な影響を与えた。

1899年、アイヌを支援し、北海道で急成長する農業経済に彼らを組み入れることを目的として、北海道旧土人保護法が制定された。しかし、旧土人としての指定は、彼らの異質さを際立たせて差別を広げる結果となり、それが今も日本社会に残る問題となっている。

アイヌは、抑圧的な言語政策にさらされて多大な苦しみを味わってきた。母語を話す権利を否定されたアイヌは、二言語併用の期間を経て、ほぼ日本語のみの使用へと急速に移っていった。そして、20世紀終わり頃には、アイヌ語は危険なまでに消滅に近い状態となった。

永遠に失われてしまう危険性が認識されたことで、アイヌ語の保護に対する新たな関心と、アイヌの個性的な文化的アイデンティティを受け入れたいという思いが生まれた。活動家らの運動によって、1997年にはアイヌ新法が成立した。この法律は、「日本の市民社会において、アイヌのための有意義な地位を確立する」ことを目的とした。だが、日本は2008年になってようやく、彼らを現存する先住民として認定し、言語と文化について、アイヌには従来以上の保護を受ける権利を与えるとともに、政府には彼らを支援するためにいっそう重い責任を課した。

セミナーやワークショップ、語学教室から、専用放送、伝統的なアイヌをテーマとした文化的な催しに至るまで、数多くの再生プログラムが積極的に支援されている。これらの取り組みは建設的かもしれないが、それに関わっているアイヌは比較的少ない。多くはまだ、先住民をルーツに持つことを認めたがらない。その理由は、主流社会から否定的な評価を受けることを恐れるため、あるいはまた、アイヌの文化を保護、促進する運動に対する意識に欠けているか、関心がないためである。

アイヌ語を流暢に話す話者は、わずか15人しか残っていない。彼らのほとんどは80歳を越えており、アイヌ語を日常生活で使う場面はほとんどない。何年にも及ぶ抑圧と、アイヌ語を世代から世代へと自然に伝えてゆく機会の不足は、北海道の旧き過去を語る言語に対して、結局は弔いの鐘を鳴らすことになるだろう。

アイヌ語

アイヌ語の記述には、ラテン文字を基にした表記法と、日本語カタカナ50音表の変形版の両方が使われる。下記は、カムイ＝ユーカラ（kamuy-yukar）の冒頭部分を示したものである。

Sinean to ta petetok un sinotas kusu payeas awa, petetokta sine ponrupnekur nesko urai kar kusu uraikik neap kosanikkeukan punas=punas.

ある日、私が川の水源へ出かけていくと、クルミの木の杭が打たれており、水源では小男が１人でクルミの木の厚板を立てていた。彼はそこに立っており、今度は腰を曲げ、そして体をまっすぐに起こす、それを何度も繰り返した。

同じ原文を日本語のカタカナで表記すると次のようになる：

セネアン　ト　タ　ペテトㇰ　ウン　シノタㇱ　クス　パイエアㇱ　アワ、ペテトㇰタ　シネ　ポンルㇷ゚ネクㇽ　ネㇱコ　ウライ　カㇻ　クス　ウライキㇰ　ネアㇷ゚　コサニㇰケウカン　プナㇱ－　プナㇱ

アイヌ語に由来する地名は日本中に存在する。たとえば、札幌（サッ・ポロ：乾いた地域）、栗山（ヤム・ニ・ウシ：栗の木立の地）、敷生（シキウ：葦の生える場所）である。

アイヌの伝統音楽には、多くのウポポ（upopo：歌）とリムセ（rimse：踊りに合わせて歌う歌）があり、たとえば5弦琴のトンコリ（tonkori）のような、さまざまな楽器の演奏を伴う。

アイヌには、多くのユーカリ（yukar：英雄譚）、ウウェペェレ（uwepeker：民話）、カムイ＝ユーカリ（kamuy-yukar：アイヌの神々が登場する叙事詩）を含め、口碑伝承が豊富にある。アイヌという語の直訳は「人」であり、カムイ（kamuy）、すなわち神とは正反対の存在という意味で使われる。

アイヌの伝統儀式は、北海道に暮らす人々によって復活された。つい最近まで、アシリチェプノミ（asir-cep-nomi：新しいサケを迎える儀式）のような儀式は、100年以上もおこなわれていなかった。通常、エカシ（ekashi：長老）は、「オンカミ－アンナ」（“Onkami-anna”：「祈りを始めよう」）の言葉で儀式を始める。

cise – 家

ampane – 寝台

asrukonna – 壁

omayse – 床

aoka – 戸

kasuno – 建てること

kotan – 小さな村

cari – 山城

poro – 橋

sita – イヌ

cep – 魚

cikap – 鳥

kikir – 虫

umma – ウマ

yuk – シカ

aca – 父

hapo – 母

hekachi – 少年

matkachi – 少女

aynu – 人

ruyanpe – 雨

nupuri – 山

pet/nai – 川

wakka – 水

rayochi – 虹

kamuyhum – 雷
（直訳では、kamuy――クマ／神、hum――音）

アカ語 Aka

話者数：4000人

地域：インドのアルナチャル・プラデシュ州

ユネスコによる消滅危険度評価：危険

別称／別表記：ルソ語、Akha

インドのアルナチャル・プラデシュ州は、言語的に多様性が高い、いわゆるホットスポットである。この国では、この州ほど多くの言語が話されている州は他にない。ヒマラヤ山脈の麓（ふもと）の丘陵（きゅうりょう）地帯に位置する、孤立したこの国境地域では、26 部族が 50 種類もの異なる言語と多くの方言を話す。それらの多くが危機に瀕している。

アカ族は、州都イタナガルから約 250km の東カメン県と西カメン県に連なる村々に散らばって暮らしている。村々は孤立しているため、自給自足率が高く、農業と狩猟で生活し、竹やイネ科の植物を使い、険しい地形の上に伸ばした支柱の上に、典型的な高床式（たかゆかしき）のロングハウス構造の家を建てている。編み籠作りと木彫は広くおこなわれている。一方、呪術（じゅじゅつ）と神話はアカ族の文化で重要な役割を果たす。

アカ・ルソ語は、チベット＝ビルマ語派に属すると考えられているが、この地域の別の場所で話されているほとんどの言語とはかなり異なる。2008 年、2 人の言語学者が、アカ語をもっとよく理解して、採録作業を始めようと、アルナチャル・プラデシュ州へ向けて出発した。はじめの調査では、その共同体では 2 つの異なる方言が話されていることを突き止めた。アカ・ルソ語とアカ・コロ語である。だが、継続的な研究のなかで、これらは方言ではなく、まったく異なる 2 つの言語であるという事実が明らかになった。調査隊は語彙に多くの違いが見つかることは期待していたが、両言語がまったく異なる文法構造をもつとは予想だにしていなかった。両言語が共通の系統であっても、親縁関係は隔っていると予想していたのである。

この発見で何より驚くべきは、2 つの部族は、言語を除けば、習慣や信仰から食べ物、装束にいたるまで、あらゆる点で類似しているという事実だった。言語の歴史からわかることは、たいていの場合、こうした言語の二元性は、もっと以前に一方の言語が消えて、もう一方が優勢になるはずだということだ。しかし、アカ・ルソ語とアカ・コロ語は、よく統合されている。彼らの異なる言語は、部族を分けるものではなく、両者が共有するひとつの特徴なのだ。

しかしながら、この 2 言語は危機に瀕している。その原因は互いの言語にあるのではなく、インドの優勢な言語へ向かう強力な流れだ。アルナチャル・プラデシュ州では、隣接する中国との国境紛争が進行するなかで、部族をひとつにまとめる手段として、ヒンドゥー語が強力に促進されてきた。英語とともにヒンドゥー語は、州の教育制度における主要な指導言語であり、とりわけ若者に好んで使われていることは間違いない。

隣接するナガランド州のようないくつかの州には、土着（どちゃく）言語に対する支援制度があるが、今のところ、アルナチャル・プラデシュ州には存在しない。この状況を悪化させているのは、歴史的にアカ語には表記法がないという事実だ。言語学者とキリスト教使節団が、ローマ字を使った表記法の開発に取り組んでいるが、辞書と教科書が整わなければ、アカ語を学校で教えることはできない。それが可能になる頃に、このふたつの言語がどのような状況にあるのか、予測するのは難しい。

アカ・ルソ語

アカ族は孤立した暮らしをしており、農業、狩猟、採集で生活している。一般的に、リバフリア（libaphrya：豆）、ルロン（ruloñ：プランチーノ〈調理用バナナ〉）、フグリ（phugri：小麦）などの作物を育て、それで伝統的なオジェ（oje：パン）を作る。また、ジオ（Jio：ニワトリ）を飼っているので、たくさんのジェジェ（jeje：卵）が手に入る。

こうした自給自足的生活はアカ・ルソ語にも反映されており、賃金労働という意味の「仕事」にあたる語が存在しない。

語

fu-mu – バッファロー

cupsi – 蝶

asha – ネコ

fu – ウシ

silyo – イヌ

asa – アヒル

sitso/sutso – クマ

musu – 鳥

shiza – カエル

fu-gulu – ヒツジ

biu/bu – ヘビ

hhu-sa – 小川

hhu-deu – 川

hhu-sa – 泉

dugu – 橋

littha – 籐製の橋

phu – 山

句

No hruso – 私はアカ族です

Ba khe ji-jou a? – あなたはいつ行くのですか？

No ba jeu – 私はあなたの友人です

No lu-hhu si-da – 私は空腹です

No lukhro-da – 私は喉が渇いています

Khutso-go rabo hago? – ジャミリはどちらの道ですか？

数

a - 1

ksi - 2

zi - 3

phiri - 4

pum - 5

riye - 6

mryo - 7

sigzi - 8

sthi - 9

ghi – 10

ghi-yo-a – 11（直訳は 10 と 1）

bisha-yo-ksi – 22（直訳は 20 と 2）

ТЕРЕ-ХОЛЬСКИЙ

トゥヴァ語 Tuvan

話者数：24 万 2754 人

地域：ロシア連邦トゥヴァ共和国、中国とモンゴルの隣接地域

ユネスコによる消滅危険度評価：脆弱

トゥヴァ族は、中央アジアでもっとも古い民族のひとつである。チュルク系民族である彼らは、2000年以上前に東へ拡大し、現在はトゥヴァ共和国として知られるこの地域に至った。シベリア南端部のステップ（大草原地帯）で遊牧生活を送り、サヤン山脈の斜面でトナカイとウシを、低地の谷川流域の肥沃な牧草地でヒツジを放牧し、この地域のいたるところで季節に応じて狩りと漁をした。

隣接するモンゴルから来たグループとの長期的な接触と、中国とロシアによる断続的な統治によって、トゥヴァ族は、東・西・南・北からの影響を存分に受けた独特の文化を発達させた。シャーマニズム信仰とラマ教が無理なく共存し、織物と刺繍のさまざまな様式が集まり、万華鏡のような色彩を競う。そして、まさにこの地で、独特な響きをもつホーメイ（Khöömei）という喉歌が発達した。和音を成す素朴な響きは、他の音楽様式にはないものだ。ホーメイの歌い手は、同時に4音までを出しながら、伝統的なトゥヴァ族の民謡を歌う。

1944年、トゥヴァは自治共和国としてソ連に吸収され、その後急速な工業化と都市化の時代に進み、トゥヴァ族独自のアイデンティティは著しく失われた。厳重な国境が築かれたことで、トゥヴァ族は分裂し、多くの人々がモンゴルに閉じ込められ、家族とトゥヴァ族の文化から引き離された。彼らは自分たちの言語と習慣を手放すまいと努力した。そして、ある程度の喪失は避けれなかったが、モンゴルのトゥヴァ族文化も独自のアイデンティティを作り出すことに成功した。

トゥヴァ族文化の多様性を証明するものは、トゥヴァ語を置いてほかにない。語彙の大部分はチュルク語由来だが、モンゴル語、チベット語、ロシア語からの借用語もかなりある。そして、話される地域ごとに異なる方言に発展した。表記法に関しては、当初は、モンゴル語の文字が採用された。1930年代にはラテン文字由来のアルファベットが考案されたが、その後、キリル文字に3文字を加えた改訂版が採用され、それが今日まで正式な表記法として続いている。

20世紀の政治的混乱にもかかわらず、近年になってトゥヴァ人の愛国的感情が力強く復活すると同時に、民族の文化、信仰、習慣の保存に対する関心が新たに芽生えた。トゥヴァ共和国が鉄のカーテンの後ろにいた数年間に、ひじょうに多くの言語が失われたが、それ以降は安定し、トゥヴァ語はロシア語とともに、共和国内で公用語となっている。

主に地理的な孤立のおかげで、トゥヴァ語は中央アジアでもっとも活気のある少数派言語のひとつである。トゥヴァ族のほぼ全員が、自民族の母語（ほご）を話す。地方でも首都クズルでも、トゥヴァ語は日常生活において幅広く使われる。先進的な考えを持つ専門家たちは、電子辞書やスマートフォンのアプリ、自動翻訳機のような、一連のデジタル・ツールを利用して、トゥヴァ語を適切な状態に保ち、21世紀に入っても使用しやすいようにしてきた。

それでもやはり、トゥヴァ語に対する圧力はあり、それが最終的に大打撃になるかもしれない。ロシア語は教育とマスメディアにおいて優勢な言語であり、トゥヴァ語の指導は教育の場では最小限でしかなく、書面による伝達にはロシア語を使おうという動きがはっきりとある。より不安定な状況に置かれている中国とモンゴルのトゥヴァ族は、自分たちの母語を取り戻すために戦っている。

トゥヴァ語の生命力は比較的強いとはいえ、前述の圧力がトゥヴァ語の未来を創っていくうえで影響することは間違いないだろう。つまり、トゥヴァ語の長期的な見通しは、確かだとは言い難い。

トゥヴァ語

トゥヴァ共和国の独特な地形は、社会的慣行からまさに言語に至るまで、トゥヴァ族文化のあらゆるレベルに浸透している。トゥヴァ語の「行く」にあたる語はめったに使われず、代わりに「経路」に関わる動詞が使われる。たとえば、**čòkta**（川を遡る）、**bàt**（川を下る）、**kes**（川を渡る）。この習慣は、付近の川や河川系統を詳しく知らない者にとっては、大きな困惑の原因になる場合がある。

元来、ヘム・ベルディリ（Khem Beldiri：「川の合流部」の意味）という名だったトゥヴァ共和国の首都は、1921 年にクズル＝ホト（Kyzyl-Khoto：クズルはトゥヴァ語の「赤」、ホトはモンゴル語の「町」）と改名され、のちに短縮されてクズルとなった。

かつてはアジアの地理的な中央と考えられたため、「アジアの中心」を意味する「Azianyng Tövü」と彫られた記念塔がある。

トゥヴァ語は描写力に優れ、自然の音を伝える語彙が豊富である：

chyzyr-chyzyr – クマがマーキングのために木の幹に爪を立てたり背中をこすりつけたりする際に、木の梢(こずえ)が動いたり、揺れたり、割けたり、あるいは折れたりするときの音。

hir-hir – キャンプファイヤーのパチパチいう音、またはライチョウの急な羽音

daldyr – 大きなウマの蹄(ひづめ)の音、または大きな鳥の羽ばたきの音

koyurt – 人間が深い雪を踏みしめる音

shülür – 今にも干上がりそうな川の水音

語

aky - 兄

ugba - 姉

dunma – 弟／妹

xadi – トウヒ／マツ

örge – マーモット

een – 砂漠

midim – 革製の投げ縄

azarlar – シャーマンによって呼び出された霊的な補助者

asti – シャーマンに支払う報酬

orba – シャーマンのタンバリンを叩くための棒

saradak – ２歳のシベリアジカ

kudurgun – オジロワシ

xirik – クロスボウ（石弓）用のホルダー

特別な祝い事のために、トゥヴァ族はアラク（arak：馬乳酒）を醸造する。

牧畜民であるため、トゥヴァ族の食事の大半は、ヒツジ、ヤギ、ウシ、ヤクに由来する食材で作られる。たとえば：

aarzhy – 乾燥させた凝乳

sarzhag – 溶かしバター

byshtak – チーズ

メフリ語 Mehri

話者数：10万人

地域：イエメン、オマーン

ユネスコによる消滅危険度評価：危険

別称／別表記：マフリ語、メフリエト語、メフリオト語、メフリエ語

メフリ語は、南アラビア諸語を構成する6言語のうちのひとつで、アフロ＝アジア語族のセム語派に属し、アラビア半島南端部の約10万人によって話されている。

1400年ほど前にアラビア人の祖先が暮らし始めるずっと前から、マフラ族（メフリ語を話す人々）はこの地に存在していた。地理的に孤立していたおかげで、彼らの母語は20世紀に入るまで、良好な状態で生き延びた。

メフリ語は、イエメン東部の砂漠平原から、国境を越えたオマーン西部のドファール山地まで、北はサウジアラビアとの国境、南はアラビア海の海岸地帯まで、ほぼ途切れることなく話されている。クウェート、アラブ首長国連邦、カタール、海を越えたソマリアとタンザニアでも少数の話者がいるが、過去から現在まで続く移民の結果である。

伝統的にマフラ族は半遊牧的な人々で、その生活様式は、住みにくい地勢の自然的制約を克服するように発達してきた。なかには定住してヤシやその他の作物を栽培する者もいたが、大多数は広大な土地を転々と移動しながらラクダとヤギを育てるか、アラビア海の豊かな海で、イワシやサメのほかさまざまな魚介類を獲った。暮らしぶりはほとんど変わることはなかったが、20世紀の終わりに、この地域の社会的、経済的な成長に拍車がかかり、マフラ族の伝統的な生活様式に新たな好機と新たな脅威をもたらした。

イエメンとオマーンでは、数世紀にわたって学校教育がほとんど存在せず、教育を受けられるのは、裕福で影響力のある人々に限られた。オマーンは1980年代以降、この状況を著しく改善してきた。そして、イエメンは1991年の統一に伴い、政府が巨額の資金を投じて、すべての国民のための質の高い教育制度開発に取り組んだ。その結果、子供の識字能力は劇的に向上したが、指導言語はアラビア語だけだったため、若い世代のメフリ語の使用率は驚くほどの速さで下落した。2言語を併用し続ける者も多くいる一方で、彼らの継承遺産である言語の使用をすでにやめ、国が促進するアラビア語を使う者もいる。アラビア語は、行政、政治、商業実務といった分野を席巻している。

メフリ語の脆弱性は、専用の表記法がないことにある。口碑伝承は豊富で、数千もの民話、詩、歌、文化的な物語が世代から世代へと受け継がれてきた。ところが、アラビア語の識字能力が増すとともに、日常生活に普及しているほうの言語で新たな文章が書かれるようになり、マフラ族の個性的な物語は忘れ去られようとしている。

メフリ語がひじょうに広い地域で話され続けるうちは、わずか数世代で消滅するとは想像しにくいが、存続を確実にするための一致団結した取り組みがなければ、まさにそういう事態になるだろう。すでに専門家たちは、メフリ語の話者と協力して採録作業と、さらなる衰退を防ぐ取り組みをおこなっており、今日までに700以上のメフリ語のテクストを文字に起こしている。こうした取り組みは、昔ながらの民族の独特な歴史と文化に興味を持たせる窓口となるだけでなく、記述文法の基礎をも作ってきた。そして、この言語の活力を維持するために、教師たちの取り組みを支援するための教材も作られている。メフリ語との関わりが薄れつつある現代のマフラ族社会において、それらの取り組みが十分かどうかは、時が経ってみなければわからない。

メフリ語

数千年に渡り、ラクダは食糧、移動手段、そして娯楽など、マフラ族社会に欠かせない役割を担ってきた。ラクダはメフリ語で **bə'áyr** と呼ばれるが、この言語にはラクダまたはラクダの繁殖に関する語が少なくとも 27 ある。たとえば次のようである。

fəráyź

gənbēt

ġōbər

əmṭáyyət

rīkēb

təfláyt

これら土着の動物の飼育と遊牧に関連する語もひじょうに多い：

āzəbáy – ラクダの番人（牧夫）

məhtáym – ラクダ用のくつわ

həkáybət – ラクダに掛ける布

šədād – ラクダ用の鞍

kəbōź – ラクダの群

təhōb – 約 100 頭のラクダの群

kawś – 少数の雌ラクダの群

amtəwē həbɛr – ラクダ用の牧草地

句

Ğɛma de-śkōyā kell be-bdēn d-mahhəlīl fakh hīsen we-tbūb.
Hād eğiśm we-tbɛt edwēsen them lɛ šrāyeb w-lɛ ktōb.

死する存在としての人間の体がかかるあらゆる苦痛については、知恵と薬がある。
愚かさと人間の性質についてだけは治療法が存在しない、民間療法でもコーランを読誦しても。

Wəlākən ətēm l-ʿəhād yekawdər līkəm lā – あなたのほかに、あなたに勝てる者はいないだろう

Hō ġayg fəkayr – 私は貧しい男だ

Akay ġayw – 私たちは兄弟だ

テムアン語 Temuan

話者数：8000 人

地域：マレーシア

ユネスコによる消滅危険度評価：極めて危険

マレーシアには豊かで活気に満ちた文化的色彩がある。この地域では、公用語のマレー語（マレーシア語）、英語、中国語の複数の方言、タミール語、ポルトガル語を基にしたクレオール語、そしてオーストロネシア語族に属するさまざまな部族語を含め、130 以上の言語が話されている。

そのような土着言語のひとつが、マレーシア半島中央部に暮らすテムアン族によって話されている。テムアン族は、他の 17 の民族とともにオラン・アスリに属す。オラン・アスリとは、マレー人の諸王国が建設されるずっと前から、この地域で暮らしてきた土着の少数民族である。マレーシアの人口 2600 万人のうち、オラン・アスリ（「最初の人々」の意味）族が占める割合はわずか 0.5%で、その多くは、まさに文字通り、マレーシアの現代社会の周縁で暮らす。

伝統的にテムアン族は、狩りと採集、移動耕作をおこない、緑のジャングル地帯で動植物と密接な関係を築いた。彼らは自分たちを降雨林の守護者と考えた。そして、森に住む精霊や薬草療法から、儀礼、呪術、迷信に至るまで、彼らの文化は自然環境を色濃く反映した。

テムアン族は現代社会による影響をほとんど受けずにきたが、20 世紀半ば、共産ゲリラと手を組む可能性があるとして目をつけられた。マレーシアの領土を守るうえで、テムアン族が戦略的に重要だと気づいたイギリス政府は、彼らを集団ごと新たな移住地かジャングルの孤立した環境に隔離し、外的影響から守る措置を講じた。

その後、マレーシアは独立し、新たにもたらされた統合政策は、先住民の伝統的な生き方に重大な影響を与えた。自分たちが暮らす土地に対して法的権利を持たないテムアン族は、国の政治的・経済的権力に翻弄されている。土地需要が増大するにつれて、大規模耕作や森林伐採、開発のために、彼らの多くが譲歩するかたちで、新たな居住地や都市部へ強制的に移された。新しい家や国の助成金、賃金労働の機会の増加を見込んで、自発的に土地を離れた者もいる。都会の生活にうまくなじんだ者もいるが、それ以上に多くの者がもがき苦しみんでいる。彼らには新しい生活様式に順応するための技能も教育もないが、以前の生活に戻るという選択肢もない。

本来の生活環境から引き離され、テムアン族は自分たちの継承遺産を維持することがますます困難になっている。彼らの信仰、慣習、本質的な価値観が危機にさらされている。そして、言語も同様だ。固有の言語に背を向け、教育や公共生活に使われるマレー語を選ぶ者はますます増えている。グローバル化が進むなか、マレーシアの教育制度では英語、中国語や他の世界言語の習得が重要視され、伝統的な土着言語が犠牲になっている。つまり、土着言語を教えるための時間と資源を費やす動機がないのだ。テムアン語を救うにはまだ遅くはないが、熱心な取り組みがなくては、次の世代以降も生き延びられるとは、決して保証できない。

テムアン語

音楽はテムアン族社会の中心であり、彼らの文化的アイデンティティを主張するために、今もなお広く使われている。テムアン族の歴史と伝統的な慣習は世代から世代へと、歌を通して受け継がれる。その伴奏に使われる代表的なものが木管楽器で、たとえばブル・リンボン（buluh limbong）とスンピット（sumpit：竹笛）である。

テムアン族は、ムヤン（Muyang：神）によって、降雨林の守護者となるべくタナ・トゥジャ（Tanah Tujah：地球）に置かれたと信じている。守護精霊はハントゥ（hantu）として知られ、動植物と、たとえば川のような自然の要素に生命力を与えるとされる。川はナガ（naga：龍）とウラール（ular：ヘビ）によって守られており、それらの神聖な棲家がけがされたときに、大水害を起こす恐れがある。

テムアン族のシャーマンはボモ（bomoh）として知られ、自然界の精霊と交信する役目を担う。一方、ドゥクン（dukun）として知られる治療師は、砂地に根を伸ばすつる性のアカ・ウラン（Aka ulan）のような植物から薬を作る。

クダ・ラリ（Kuda Lari：走っている馬）はテムアン族の伝承童謡で、クアラ・クブ・バルの最初の行政長官兼税徴収官の物語を思い出させる。彼は馬から落ちて、その馬をはるばるパハンまで追いかけなければならなかった。

Lari, lari, kuda lari
Belang, belang, kuda belang
Lari, lari, kuda lari
Pahang, Pahang, pergi Pahang.

走れ、走れ、馬よ走れ
縞（しま）のある、縞のある、縞のある馬
走れ、走れ、馬よ走れ
パハン、パハン、パハンへ行け。

語

huma – 野生の稲

humut – ココヤシの花芯

jagong – トウモロコシ

je'eng – 食用の黒い豆がなる森林樹

keledek – サツマイモ

serai – レモングラス

taban – チューインガムとして使われる甘いラテックス（乳状液）を出す森林樹

tauk paku oban – 食用のシダの葉

ripung – 短いニシキヘビ

biuwak – 森林性種のオオトカゲ

hulat – 虫、蛆

ikan – 魚

ikan belut – タウナギ

hudang – エビ

kelochoin – 羽アリ

labah – クモ

lempong – ケナシコウモリ

mumong – オナシフルーツコウモリ

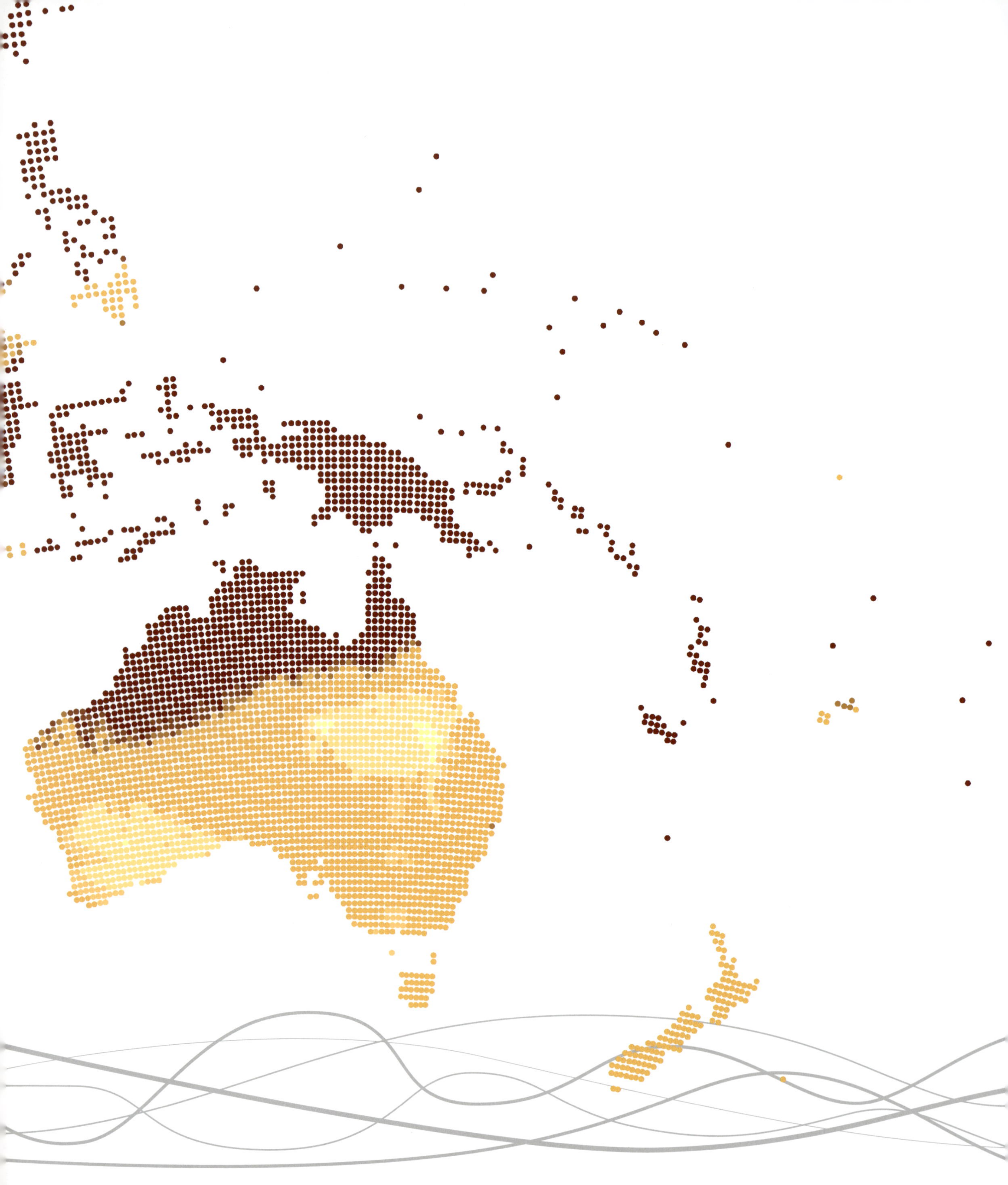

オセアニアの言語

オセアニアの陸地域、すなわち、オーストラリア、ニュージーランド、ニューギニア、太平洋の島々には、約1800の異なる言語がある——世界の総数の25%以上になる。言語群は大陸ごとに特徴があるが、オセアニアは、極めて言語的に多様な地域として特に重要である。

この地域は言語学的に3つのグループに分かれる。大部分を占めるのはオーストロネシア語族で、パプアニューギニア沿岸部、ソロモン諸島の大半、バヌアツ、ニューカレドニア、フィジー、さらに北と西の東南アジアの海域へと範囲は広がる。パプア諸語は、パプアニューギニアの大半と、ソロモン諸島のいくつかの島を占め、最少数派のグループであるオーストラリア・アボリジニ諸語は、オーストラリアの領域に限定され、近隣の太平洋の島々との関連はない。

最近まで、太平洋の島々は言語の危機に関して、世界のなかでもっとも影響が少ない地域だった。しかし、その状況は、都市化の拡大と島嶼間の移動の増加とともに、急速に変わりつつある。オーストラリアでは、国が早くから外的影響にさらされ、それに続く先住民に対するさまざまな禁止措置の結果、言語の喪失はかなり進行している。しかしながら、現在では、オーストラリアの伝統的な言語に新たな活力を与える顕著な取り組みがおこなわれており、ニュージーランドのマオリ語が成果をあげてきたことに力を得ていることは間違いない。

主要な世界語、特に英語は、太平洋の島々の先住民言語にひじょうに大きな影響を与えた。今日では、多くの島人たちが故郷を離れ、他の先住民言語が話されている国々で生活し、働いている。こうした状況なので、多言語主義は普及しているが、すべての言語が平等というには程遠い。英語とフランス語は、一般的に教育と公的な立場で使われ、ピジン言語の使用は急速に進んでいる。数百ある先住民言語のうち、長い期間にわたって生き延びるのは、もっとも強いものだけのように見える。

パプアニューギニアでは、750以上の先住民言語が話されている。これは、世界の同じような広さの地域では最多である。なかには、数万人の話者をもつ言語もあるが、他の多くはわずか数百人かそれ未満だ。都市化が拡大し、島嶼間のコミュニケーションが増加すると、共通の仲間言葉が必要になる。そして、パプアニューギニアでは、ピジン言語の一種、トク・ピジン語（語原は英語の「talk pidgin（混合語を話す）」）が一気に使われるようになった。英語を基にしたこのクレオール語は、パプアニューギニア人の80%が話し、異なる言語の起源が入り混じる家庭で育った人々が、第1言語としてますます学ぶようになっている。

教育とマスメディアは、パプアニューギニアの諸言語のうち、数言語だけを好む傾向がある。政府と話者本人たちは、彼らの母語について前向きだが、消滅の危険に瀕する言語が増えることは避けられない。これはパプア・ニューギニアに近いソロモン諸島の状況と似ている。そこでは60以上の先住民言語が話されており、そのうち約10言語が消滅寸前である。他の言語は都市部の人口が少ないためにある程度の保護を受けているが、英語とソロモン・ピジン語の広範な使用は、この地域に脅威をもたらしつつある。

バヌアツ共和国は、世界のどの国よりも、1人あたりの言語数がもっとも多く、25万人未満の住民が100以上の言語を話している。以前はニューヘブリデス諸島として知られたバヌアツでは、長年のイギリスとフランスによる共同統治により、土着言語は大打撃を受けた。独立以来、英語とフランスは相変わらず公用語である。同様に公用語である地元のビスラマ語（ピジン語の一種）は、コミュニケーションに不可欠な手段として急速に成長しつつある。伝統的な生活様式が維持されてきた村はたくさんあるにもかかわらず、全体としては、グローバル化と国内の開発が原因で、国の文化的アイデンティティは重大な危機に直面している。

地理的、文化的、言語的に実に多様な土地であるバヌアツは、魅力的な研究対象だ。結果的に、現地でも、現地以外の場所でも、研究者たちの広いネットワークに恵まれ、多くの先住民言語の採録、使用促進、保存が熱心におこなわれている。そのことは土着言語の保存に役立っているが、すでに40以上の言語が危機に瀕しているか、もしくはつい最近消滅している状態にあることから、今後数十年で言語喪失に拍車がかかり、グローバル化の真の影響が明らかになることは間違いないだろう。似たような状況にあるニューカレドニアにおいて、カナック族は、危機に瀕している自分たちの言語を活性化するために、おおいに奮闘している。しかし、日常語として優勢なフランス語を相手に、困難な闘いに直面している。

オーストラリアとニュージーランドにおける植民地化の影響は、十分に記録が残されているが、植民地化は太平洋の多くの島の言語に対しても多大な打撃を与えた。グアムのように、しばしば波乱を伴う変化に富んだ歴史をもつ地域は、異国による占領そして統治の結果、著しい言語喪失が起きており、将来的に言語の均質化へ向かう急速な流れがとどめられる兆候はほとんど見られない。

オーストラリアでは、開拓者の到着以前は約250の異なる言語と数百の方言が使われていたと推測される。現在は、150言語未満に過ぎず、そのほとんどは消滅の危険性が高い。いくつかの遠く離れた地では、先住民間で日常的に常用されている言語もあるが、都市部や沿岸部の多くでは、状況が大きく異なる。植民地化は部族の離散や移転、開拓者に課された新しい政策への強制的な服従など、オーストラリア先住民社会に急激な変化をもたらした。教育の場と日常生活では、先住民言語の使用が意識的に控えられ、同化すべきという社会的な圧力から、多くの人々が先祖代々の伝統的な言語を捨てた。

言語喪失の程度は州や地域によってかなり異なる。なかでも、もっとも早く開拓された南オーストラリア州とニューサウスウェールズ州では、部外者との接触が早くから続いたことが、土着言語に破壊的な影響をもたらした。現在、多くの言語が消滅するか、極めて危険な状態にあるが、それ以外は、啓発された多くの人々のおかげで、言語復興への新たな道を切り開いている。たとえばグンバインギル語のように、消滅寸前から復活した言語もあれば、カウナ語のように、文字通り死語となってから蘇った言語もある。

かつてアデレードで広く話されていたカウナ語は、19世紀に使われなくなり始め、1920年代に最後の流暢な話者の死とともに消滅した。死語となったまま21世紀を迎えたとき、とうとう言語学者のグループと地元住民が復活に乗り出した――もしも、2人のドイツ人宣教師がいなかったら、この偉業は不可能だっただろう。彼らは1830年代後期に、カウナ語の膨大な語彙と章句、主要な文法事項をまとめあげた。今日では、若者や高齢の学習者のためにプログラムが作られ、カウナ語は部族の地域共同体のなかで根づきつつある。人々は、自分たちの母語の使用を通して、自民族の領土とのつながりを再発見している。

先住民言語の指導に関し、組織的で継続的な支援を最初におこなったのは、ニューサウスウェールズ州政府だった。他の地域はそれに追随する兆しを見せてはいるが、今のところ中央からの計画がないため、いくつかの言語はまだ消滅する運命にある。

ニュージーランドのマオリ語は、建設的な介入策のおかげで、近年ではちょっとした復興運動が進んでいる。この地で開発された「言語の巣」プログラムは、ハワイで模倣されて以降、アメリカ、カナダ、オーストラリアの各地で順調に拡大してきた。このプログラムの目的は、就学前の子供たちを彼らの土着言語に親しませ、それを母語として話すように育てることである。ニュージーランドでは、これに加えて、学齢児童向けのバイリンガル教育とマオリ語のみの教育機会の提供、そして数多くの成人向けの言語学習プログラムと国営のマオリ語による放送が整備されている。

こうした率先的な取り組みは賞賛に値するが、先住民言語が人々の日常生活のなかで使い続けられて初めて、その取り組みの価値がきちんと理解される。家庭で言語が話されなければ、世代間での引き継ぎは滞り、必然的に話者数は再び減少するだろう。

政治家、人類学者、学識経験者たちは、今後数年間の言語状況の展開を、関心をもって見守っていくだろう。

チャモロ語 Chamorro

話者数：6万2500人

地域：グアム、北マリアナ諸島

ユネスコによる消滅危険度評価：脆弱

太平洋東部、アメリカ合衆国の大陸部から9650kmに位置するのは、アメリカ合衆国の未編入領域のグアムである。長さわずか48kmのこの熱帯の島は、オセアニアの下位区分であるミクロネシアを構成する2000以上の島々のなかでは最大の大きさである。

北マリアナ諸島と合わせて6万2500人のチャモロ語話者が暮らす。チャモロ語は、マレー＝ポリネシア語族に属すが、この地域の豊かながらも波乱に満ちた過去によって、スペイン語、英語、日本語、その他の言語の影響をおおいに受けている。

1521年、スペインの資金援助により、フェルディナンド・マゼラン遠征隊がグアムに上陸したときには、約3500年前からこの島に暮らすチャモロ族が暮していた。彼らは平和に暮らし続けたが、とうとう1668年に初の植民地が設立され、それにともなってイエズス会の宣教師らが到来し、そしてスペイン人入植者によって、多くの思想と法律が強制された。その後30年ほど動乱が続き、グアムのチャモロ族は大量に殺害され、生き残った者たちは植民地法によって、母語を話すことを禁じられた。しかしながら、チャモロ族の精神が打ち負かされることはなく、20世紀に入る頃には、推定によるとチャモロ人の75%がチャモロ語を話し、その多くはスペイン語も併用していた。

1898年、スペイン＝アメリカ戦争は、スペインの統治に突然の終結をもたらした。グアムはアメリカ合衆国に割譲され、島はアメリカ海軍の管轄となることが決まった。チャモロ族には、またもうひとつの言語――アメリカ海軍の母語である英語――を強制する政策が速やかに実行された。グアムの先住民に英語を速く習得させるため、1917年、大統領命令によりチャモロ語の使用は全面的に禁止となり、その後まもなく厳格な実施を示すために、チャモロ語の辞書は回収のうえ焼却された。

波乱の時代はそこで終わらなかった。第2次世界大戦中、グアムは約3年間、日本の統治下に置かれた。1944年7月21日、アメリカ軍によってついに解放され、今日ではこの日を解放記念日として毎年祝っている。しかし、この変化に富んだ文化と言語には、数々の忘れ難い傷跡がまだ消えないうちに、別の影響が刻みこまれたのである。

グアムにおける抑圧的な言語政策は、1950年代以降、徐々に解除されたが、すでにかなりの被害を受けている古来のチャモロ語は、危機に瀕したままだ。グアム島でチャモロ語を第1言語とする話者の数は激減した。現在、チャモロ語を流暢に話す者は、チャモロ族の20%未満であり、彼らの大半は50歳を過ぎている。北マリアナ諸島の話者数は他の場所より多いが、話者数全体からすればかなり低い割合で、やはりある程度の危険はある。

植民地時代より前のチャモロ族の過去を明らかにするものはほとんどないが、先祖の伝統と生活様式を学ぶことに対して、若者の関心の回復が見られる。彼らは、自民族の言語を取り入れることで、自分を規定する過去の歴史と文化をもっとうまく受け入れられるのだと気づき始めている。しかし、結局は、仕事、教育、メディアにおける第1言語が英語のままならば、形勢を逆転するほどの状況にはならないだろう。

チャモロ語

グアムの文化と言語には、さまざまな伝統が取り込まれている。これは、植民地としての歴史の影響と、かつて年に１度、太平洋を渡りフィリピンとメキシコの間を往復したスペイン船籍マニラ・ガレオン号の寄港地としての役割を果たした結果だ。チャモロ語におけるスペイン語からの借用語は、語彙の50%にのぼるが、それらはチャモロ語の文法に従って使用され、スペイン語を基にした新しいクレオール語が作られたわけではなかった。しかし、クレオール語と誤って説明されることがある。

古代チャモロ語	現代チャモロ語	数詞
hacha	unu/una	1
hugua	dos	2
tulu	tres	3
fatfat	kuåttro’	4
lima	singko’	5
gunum	sais	6
fiti	sietti	7
gualu	ocho’	8
sigua	nuebi	9
manot	dies	10
gatus	siento	100

句

グアム島で話される現代チャモロ語は、近隣の北マリアナ諸島、たとえばパガン、サイパン、ルタ、ティニアンの各島で今も話される、伝統的でもっと複雑なチャモロ語とは異なる。

北マリアナ諸島方言	グアム方言	日本語
Bienbenidu	Bien binidu	ようこそ
Apmam tiempo ti uli'e hao	Åpmam tiempo ti hu li'e hao	久しぶり
Hayi na'an-mu?	Håyi nå'ån-mu?	あなたの名前は？
Buen prubechu	Ta fañocho	食事を楽しんで
Malagu hao bumaila yan guahu?	Kao malago' hao bumaila yan guåhu?	私と踊りませんか？

語

Lunes – 月曜日
Mattes – 火曜日
Metkoles – 水曜日
Huebes – 木曜日
Betnes – 金曜日
Sabalu – 土曜日
Damenggo – 日曜日

guihan – 魚
uhang – エビ
pånglao – カニ
asuli – ウナギ
påhgang – 二枚貝
mahongang – ロブスター
kamuti – サツマイモ

mendeoka – タピオカ
nika – ヤムイモ
friholes – 豆
tupu – サトウキビ
alageta – アボカド
niyok – ココナッツ

No hau muettu sin achaki.

Taya' mina'lak sin hinemhum.

Taya' tatautau sin anining.

Taya' finatai sin sina'pit.

Taya' aksion sin rason.

病気を伴なわない死はない。
闇を伴わない輝きはない。
影を伴わない体はない。
苦しみを伴わない死はない。
動機を伴わない行動はない。

ナタリー・N・ペレダ

グンバインギル語 Gumbaynggirr

話者数：40 人

地域：オーストラリアのニューサウスウェールズ州

ユネスコによる消滅危険度評価：極めて深刻

別称／別表記：Kumbainggar、Gumbaingari、Gumbaynggir、Kumbainger、Gambalamam, Baanbay

グンバインギル語はオーストラリア諸語に属し、ニューサウスウェールズ州コフスハーバー周辺を本拠地とし、南はナンブッカ川、北はクラレンス川、西は太平洋岸からアーミデールに至る。グンバインギル族はこの地域に数千年前から居住し、州最大級の沿岸部の先住民（アボリジン）となっている。

ニューサウスウェールズ州は、ヨーロッパ人がオーストラリアに初めて移住した地域だが、コフスハーバーができたのはもっと後である。1770年というかなり昔に、ジェームズ・クック船長が、のちのコフスハーバーとなる場所を船で通過したことは知られているが、1847年にジョン・コーフ船長が正式に発見したと信じられている。1870年代後期、この土地に大規模な入植がおこなわれ、州内の他の地域と同じく、その影響は先住民にとって破壊的なものであった。

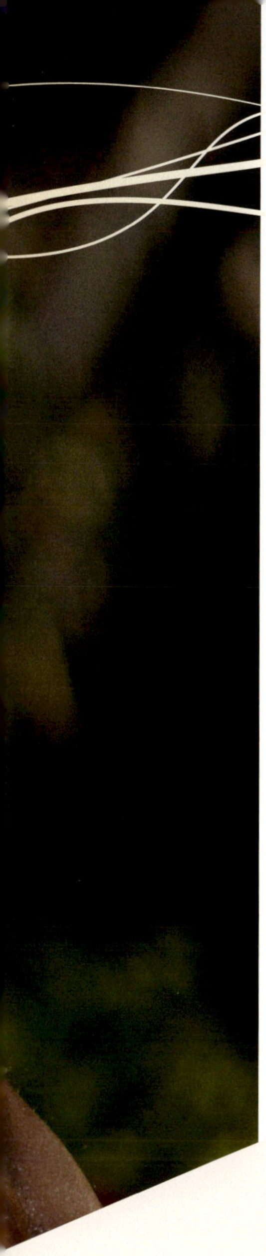

グンバインギル族は、伝統的に半放浪的な民であり、季節や手に入る食糧に応じて移動した。コフスハーバー周辺の地域は天然資源が豊富で、魚や海産物、狩りの獲物、果実・野菜類が不足したことはなかった。自然環境に関する知識と、狩猟・採集・漁の技術は、部族の文化と伝統に不可欠な一部として世代から世代へと伝えられた。

植民地化は先住民の伝統的な生活様式に急速な変化をもたらした。町が作られ、地方部の土地は開拓されて柵がめぐらされるなかで、グンバインギル族は移動を制限され、新たに作られた外辺の居留地に追いやられた。

新たな人種の到来とともに、新しい病気も流入した。先住民はそれらの病気に対する免疫力がないため、はしかや天然痘(てんねんとう)、インフルエンザにかかって大勢が死亡した。その他にも、開拓者との一連の衝突のなかで殺された者もいる。最悪の衝突となったのは、レッドロックで起きたものだった。グンバインギル族は、悪名高い岬から追い落とされてその多くが命を落としたのである。生き延びた者は1世紀に渡って抑圧され、部族は引き裂かれ、同化を強いられた。そして伝統的な生活様式は失われ、忘れ去られた。それは言語も同じだった。

1986年まで、グンバインギル語は消滅したも同然だった。もしも、賢明な長老たちの洞察力がなかったら、ほぼ間違いなく、世紀が変わるまでには永遠に歴史書に書きとどめられるだけの存在になっていただろう。

そうなる代わりに、ムウルベイ・アボリジニ言語文化協同組合が誕生した。この共同組織の目的は、言語を通してグンバインギル族の伝統、文化、自尊心を蘇らせ、強化することである。多くの人々が、彼らの祖先の言語は永遠に失われたと思ったが、この協同組合は高まる関心を利用して、死んだ状態から蘇らせることに成功した。

過去数十年に渡り、先住民言語の記録化と促進作業は著しく増加し、今ではニューサウスウェールズ州政府が率先して言語の継承を支援している。州の資金提供によって、複数の「言語の巣」が開設され、その第1号がコフスハーバーに設置された。この州の先住民言語の習得と知識が教育カリキュラムに取り入れられ、さらには夏期学校、研究会、集中プログラムなどが、続々と開発されている。

現在では、グンバインギル語を流暢に話す話者は40人を越え、実際に話せる程度の知識がある者はさらに多い。言語を知ることにより、間違いなくグンバインギル族社会と伝統に対する理解も深まり、オーストラリアの変化に富んで生き生きとした混合文化を護り、促進するための積極的な一歩を踏み出せる。

200年前、ニューサウスウェールズ州だけでも先住民言語が70以上存在した。ところが今日、十分に役目を果たせる話者は、わずか一握りしか残っていない。上記のようなプログラムが州と国全体にもっと導入されるならば、言語喪失の流れを食い止めるための積極的な一歩となるかもしれない。

グンバインギル語

コフスハーバー周辺の先住民言語の地名は、その地域の野生生物に関連するものが多く、そのいくつかは英語に翻訳すると面白い。たとえば、Dandarrbiin は「たくさんの糸状物が吠える」、Dungguuny は「赤い腹をした黒ヘビの特別な場所」、Ganaygal は「ヤムイモ棒の特別な場所」、Julugan Biin は「たくさんの切り株」という意味だ。

この地域の動植物は、言語だけでなくグンバインギル族の習慣においても重要だ。彼ら先住民の領地に生える草木は、食べ物や薬用から、芸術品、実用品に至るまで、伝統的な生活のなかでさまざまに利用された。garraanyjiga（バンガローヤシ）の葉の元の部分は、水を運ぶのに使われる一方で、生長点と幹の内側の髄は食用として使われた。bunday（パピルス草）は、まるごと全部が利用可能だった。根の繊維は紐に、葉の繊維は編み物に使われ、根、新芽、花粉は食用になった。

一般的な飲食用の果物と小果実には、nyam-nyam（ビアード・ヒース・ベリー）、wiigul（wiigulga：ブラックアップルの木の実）、紫色の jijimam（リリーピリーの実）などがある。wuuban.ga と wuruuman.ga（ピンクと赤色をしたブラッドウッド〈ユーカリの一種〉）の粘り気のある樹液は、抗菌、抗真菌治療として使われ、bambil-bambil（タデ）は、粉状にした後、水に投げ入れて魚を麻痺させ、捕まえやすくするために使われた。

句

Ngaaja waandiw yarrang gulaagundi biguurr – 私はあの木に登る

Nguraa-la – 家の中

Marlamgarl-u yünyjan jumbaal – ディンゴ（オーストラリア産の野生の犬）がニシキヘビを噛んだ

Yaam darruy nginumbala gayigu – あなたと話せてうれしい

Yaam darruy ngiina nyaagaygu – あなたと会えてうれしい

Ngaya yam daalgiyay – 私は歌っている

語

nunguu – カンガルー

jiibiny – 鳥

waanyji – 犬

dunggiirr – コアラ

yugiirr – イルカ

mopoke – フクロウ
（グンバインギル族にとって悪い知らせを運んでくると思われている）

yamaarr – 魚（食用の）

gaagal – 海と砂浜

bindarray – 川

juluum – 山

waluurr – 谷

gaywa wunba – 祭り

maagun – ごちそう

maagunaygam – 祝宴

数

garlugun – 1

bularri – 2

guga – 3

daan – 4

marla – 5
（手、すなわち５本の指をも意味する）

jugu – 6

duwa – 7

janya – 8
（タコの意味にも使われる）

wagaa – 9

ngaal – 10

マオリ語 Maori

話者数：７万人

地域：ニュージーランド

ユネスコによる消滅危険度評価：脆弱

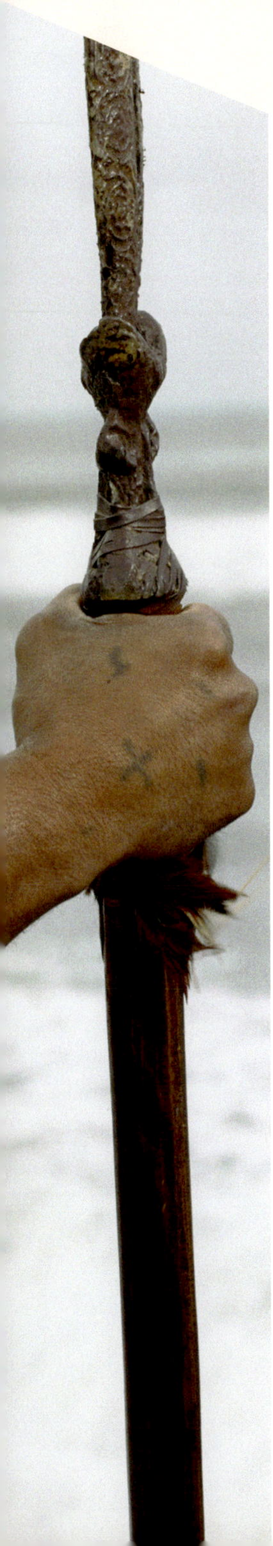

マオリ語は、主にニュージーランドの北島で話される先住民言語である。その起源はすべてがわかっているわけではないが、最近ではポリネシア東部のクック諸島あたりと考えられている。何世紀も前に、そこから冒険者らが遠洋航海用のカヌーで遠征に出て、ニュージーランドに到着したとされる。彼らの言語と方言は、ここニュージーランドで孤立状態に置かれたまま発達し、18 世紀後期になって初めてヨーロッパ人と接触することになった。

移民は初めの頃はゆっくりと進められ、ほとんどが捕鯨やアザラシ漁に携わる者、貿易商、布教事業に乗り出したイギリスの聖職者たちだった。19 世紀初めのニュージーランドの入植者数は約 2000 人、それに比べてマオリ族は 12 万 5000 人だった。マオリ族とパケハ（Pakeha）と呼ばれるヨーロッパ人の交流はかなりあり、後者、特に宣教師たちは、言語習得のために大変な努力をした。当時のマオリ語は、あらゆる伝達、運営管理、商取引、宗教的な事柄に用いられる公用語だったので、マオリ族にとってわずか数十年の間にそれが少数派の入植者言語にとって代わられるとは、想像できなかっただろう。

1841 年、イギリス政府とマオリ族の首長たちは、この土地をイギリスの植民地とすることに正式に合意した。移民は増加の一途をたどり、1871 年には移民の数はマオリ族の 5 倍になった。わずか 30 年間で、とてつもない言語の交代が起こり、マオリ族とイギリス政府は、先住民が進むべき唯一の道は、入植者が使う英語を採用することだと考えた。

英語は教育の場、職場、公共生活、マスメディアを支配した。初めのうちは、依然としてマオリ語は多くの家庭で第 1 言語だったにもかかわらず、第 2 次世界大戦後の急速な都市化につれて、母語とする話者の数は激減した。1980 年代までに、マオリ語を母語とする話者として分類されるぐらい堪能な者は、マオリ族人口の 20％未満になった。そして、決定的な行動を起こさなければ、マオリ語はもうすぐ永久に消滅するかもしれないという認識が昂まっていったのである。

数多くのマオリ語回復プログラムが開始され、十分な成功をおさめた。そのなかには、世界規模での言語の保護と復興の先例になったものもある。ニュージーランドは、「言語の巣」のコンセプトを取り入れた最初の国だった。コハンガ・レオ（Kohanga Reo）として知られる「言語の巣」は、新しい言語をもっとも習得しやすい就学年齢前の子供たちを、マオリ語漬けにすることで、流暢に話せるようにする仕組みとなっている。学齢期の子供たちを対象としたバイリンガル集中訓練プログラムも、2 言語併用の学校と、クラ・カウパパ・マオリ（kura kaupapa Maori）として知られるマオリ語のみの学校の両方に導入された。すべての家庭には、子供に教育を受けさせるにあたり、英語のみか、バイリンガルか、マオリ語のみかを選ぶ権利がある。また、成人の学習者にも幅広い選択肢があり、学習を継続できる。

2012 年の時点では、9000 人以上の就学前児童が「言語の巣」に登録し、5 歳から 16 歳までの 1 万 6000 人以上が、バイリンガル集中訓練プログラムで学んでいた。こうした取り組みは、マオリ語の放送や印刷物、デジタルメディア、公共標識によって支えられている。しかし、英語はニュージーランドだけでなく世界規模で優勢であるため、マオリ語と英語の 2 言語併用主義の成長を国が長期支援できるかどうかは、疑問が残る。だが、少なくとも今のところは、数々の取り組みの結果は希望を与えるものとなっている。

"Ko te reo te hā te Mauri o te Māoritanga"

「言語とはまさに、マオリ人であるうえで命を支える呼吸のようなものだ」

句

Kia ora – こんにちは／ありがとう

Haere mai – ようこそ

Morena – おはよう

Po marie – おやすみなさい

Kei te pehea koe? – ご機嫌いかが？

Kia kaha – いつまでも強くあれ

Kore rawa e rawaka te reo kotahi
１言語では決して十分でない

マオリ族の文化において、ファカタウキ（格言）はとても重要だ。

Whāia te iti kahurangi ki te tūohu koe me he maunga teitei
もっとも高い雲を狙いなさい、それで外れたとしても、そびえる山には当たるだろう

Ka pū te ruha, ka hao te rangatahi
「古い網が壊れたら、別の網が作り直される」——ある年長者がもはや先導役として務める能力がないならば、もっと健康な先導者が彼の代わりを務めるだろう、という意味。

Moe atu nga ringa raupo
「手にタコがある男と結婚しなさい」

Tama tu tama ora tama noho tama mate
「活動的な人は健康でありつづけ、一方、怠け者は病気になる」——英語の格言「立つことは生きること、横になることは死ぬこと」と似ている。

Naku te rourou nau te rourou ka ora ai te iwi
「私の籠とあなたの籠があれば、人々は生きられるだろう」——協力し、資源を合わせることは、マオリ族文化の重要な側面である。

He waka eke noa
「私たち全員がもれなく乗れるカヌー」——英語の格言「私たちは全員で一緒に参加する」に似ている，

マオリ族には、謙虚さをよしとするさまざまな格言や諺がある：

Ehara taku toa, he takitahi, he toa takitini
「私の成功は、私だけに与えられるべきものではない、なぜなら、それは個人の成功ではなく、集団の成功だからだ」

Waiho ma te tangata e mihi
「あなたの賞賛は、他者のためにとっておきなさい」

He kotuku rerenga tahi
「シラサギは一度飛ぶ」——なにか珍しいこと、または特別なことが起きたときに言われる。

Ko taku reo taku ohooho, ko taku reo taku mapihi mauria
「私の言葉は私の目覚めであり、私の言葉は私の魂に面した窓である」

ロトゥマ語 Rotuman

話者数：3000 人

地域：フィジー共和国ロトゥマ島

ユネスコによる消滅危険度評価：脆弱

白い砂浜、ココヤシの木、そして太平洋のターコイズ・ブルーの海に縁どられて横たわるのは、小さな火山島のロトゥマ島である。総面積55㎢弱、フィジー共和国の前哨地であるこの島は、首都スバの真北600kmに位置し、先住民のロトゥマ族、約3000人が暮らす。

ロトゥマ島に初めてヨーロッパ人が訪れたのは、1791年、エドワード・エドワーズ船長の船、HMSパンドラ号の補給のために上陸したときのことだった。初めは遠慮がちだったロトゥマ族だが、すぐに船乗りたちとの物々交換のコツをつかんだ。19世紀初めまでに、この島は、捕鯨船のほか、大型船の定期的な寄港地になった。島の海岸の向こう側の世界を探検したくなった若い島民たちは、船の乗組員になるか、太平洋の島々にたくさんある大農園で働くようになり、島外へ移住する先例を作った。それが現在でも、この島に影響を与えつづけている。

19世紀半ば、フランスのカトリック教会とイギリスのメソジスト派は時を同じくして、ロトゥマ島に布教所を設立した。その目的は、それぞれが自分たちの信仰するキリスト教に、島民を改宗させることだった。この2宗派間の一連の紛争は、ついに戦争をおこなうまでになり、この島はイギリスに割譲された。イギリスは、もっとも近い直轄植民地、フィジーの一部としてこの島を治めることにした。イギリスの統治から離れたとき、この国はフィジー政府との同盟関係を維持した。そして現在の立場は、自治的属領である。社会的、政治的、経済的にフィジーと統合されているにもかかわらず、ロトゥマは独自の文化的アイデンティティの大部分を維持することに成功した。

地元の民間伝承によると、この島は何世紀も前に、サモア人の首長、ラホによって発見されたという。しかし、この話は言語の起源による裏づけがない。サモア語、トンガ語、その他のポリネシア諸語からの借用語が占める割合は高く、強い関連性を指し示してはいるが、言語学的な証拠が示すのは、ロトゥマ語の本当のルーツは、実は西フィジー語群にある。

ロトゥマ語は独特で、すべての語にふたつの形がある。短い形と長い形だ。この言語と直接関係のある現今の言語はなく、それが魅力のようなものになり、言語学者たちは熱心に、その起源を理解しようとしてきた。その結果、話者数がかなり少ない言語にしては、驚くほど記録文献が整っており、英語と他の太平洋の島々の言語からの圧力が増せば、おおいに役立つだろうと期待がかかる。

ロトゥマ族は、ヨーロッパ人貿易商や入植者と初めて接して以来、人口減少が問題となっている。平和なオアシスの海岸の向こうの世界を知りたいという欲望から、多くの人々が他所での出世を求める結果となっている。戻ってくる者もいるが、多くの人々が教育や仕事、家庭生活になじみ、二度と戻らず、自分の家族ばかりか、言語まで捨てる。ロトゥマ族の約75%が今や島から離れて暮らし、その多くが民族の母語に接する機会がほとんどない。

ロトゥマ語の未来はまだ危機的状況ではない。何年もの植民地支配、政治の混乱、社会の変化にもかかわらず、ロトゥマ語は依然として島民の第1言語であり、ロトゥマ族は強いアイデンティティを持ち続けている。新しい文化と、それまでに受けた数々の影響に身をゆだねるのではなく、自分たちの個性の維持に努め、故郷を誇りに思いつづけている。このようなやり方は彼らの役に立ってきたが、ロトゥマ島とその独特な言語が、現代社会からの圧力に対して孤立した状態をいつまで保てるかは、時が経ってみなければわからない。

ロトゥマ語

音楽と踊りは、ロトゥマ族の社会において、伝統的な意味をもち、日常生活で重要な役割を果たしつづけている。カトアガ（kato'aga）と呼ばれる華やかな祝典と祭りは、島の年中行事の大きな呼び物である。なかでも最大なものが、アブ・マネア（av mane'a）である。直訳すると「遊びの時間」となるアブ・マネアは12月と１月に祝われる。この時期、島民は仕事道具を置いて、６週間に渡って、歌い踊り、酒を飲んで浮かれ騒ぎ、いく度ものファラ（fara：「遠征訪問」）で友人や親族の家を訪れたり、さらには色彩豊かなマネアフネエレ（mane'a hune'ele：砂浜での遊び）を楽しんだりする。

音楽作品は、ロトゥマ族社会では重要な芸術で、マナトゥ（manatu：作曲家）は大変尊敬される。タウトガ（tautoga）はロトゥマ語の振り付きの歌で、たいてい１回または複数回の反復を１組として演奏される。歌は、スア（sua）、ティアプ・ヒ（tiap hi）、ティアプ・フォラウ（tiap forau）の３種類がある。

語

noa'ia – こんにちは

noi'ia 'e mãuri – こんにちは（文字通りの意味は「生きていてくれてありがとう」）

alalum – 祝福

figalelei – お願いします

句

Faiaksia hanisit –
ご親切にありがとう

La' ma ne'ne' 'äe –
さようなら、お元気で

Se fek – I'm sorry
ごめんなさい（文字通りの意味は「怒るな」）

Gou joni-atou – 私は走った

Gou jön väve-atou – 私は速く走った

'on päe-ag fak-gagaja – 彼の首長の座

Ia 'ait- 'aki-a kikia 'on selene – 彼が崇拝するのは金だけだ

ロトゥマ語の格言は、島の生活と社会について、興味深い洞察を与えてくれる。

Alili 'ea, jā'akia 'ot asoat – アリリは言う、おまえのよそ者（抑圧者）を殺せ（アリリはイトゥムタ地区出身の大男で、かつてロトゥマ島を支配したトンガ人侵略者に対する反乱を主導した人物。この格言は、ある人の農場で一番大きな動物、たとえばブタやウシのような、祭宴のために殺されるものに関して使われる。）

Ao räe – 捜索（と）発見（口実）
（常に仕事や手伝いを逃れるための口実を探している人のことを言う。）

As ta ifoana – 太陽が沈んでいく
（たいてい、歳をとってきた者について言う。体はもう若くないか、弱っている。）

ティウィ語 Tiwi

話者数：2100 人

地域：オーストラリア

ユネスコによる消滅危険度評価：脆弱

ノーザンテリトリーの海岸から80km沖、ターコイズブルーのアラフラ海に位置する熱帯のティウィ諸島には、2000人以上の先住民（アボリジン）が暮らす。

古くから伝わるティウィ族の創造物語とこの周辺の考古学が示すのは、彼らが数千年前からこの諸島に存在し、オーストラリア本土の多くの地域が植民地化されたあとも、長い間孤立状態を保ってきたということだ。

1911年、永住のための移民が始まるとともに、ローマ・カトリックの布教所が設立された。それ以来、ティウィ族の伝統的な生活様式は、急速な変化と発達の過程をたどってきた。彼らがかなり孤立していたおかげもあり、彼らの文化的アイデンティティの大部分は維持されてきたが、新しい観念や規則、言語による容赦ない影響は、やはり大打撃となった。

ティウィ族は音楽と踊りの伝統が強固で、装飾的な創作作品で有名だ。今日では、ティウィ族の芸術は需要が高く、世界中のコレクターたちが、独特なトゥティニ（tutini：墓標）や木彫りの鳥、ろうけつ染めの布製品を熱心に買い求めている。ヨイ（yoi）という踊りは、改まった儀式、たとえばプクムワニ（Pukumwani：葬儀）で踊られる。そして、ティウィ族の伝説、歴史、社会に関する伝統的な歌の歌唱は、生活の一部として欠かせないものになっている。

ティウィ語の歌は、100年前の移民開始以来、言語が経験してきた激しい変化について、興味深い洞察を与えている。歌は出来事やめでたいことを記念するためや、知識と習慣を、数千年とはいわないまでも、数百年に渡って伝えるために用いられてきた。しかし、ティウィ族は今でも先祖の歌を歌いはするが、多くの者は、歌詞の内容をじかに理解して歌っているわけではない。

伝統的なティウィ語はひじょうに複雑で、基本的な動詞の語根に難解な接頭辞と接尾辞を付け加えて、目的語、アスペクト、叙法、そして1日の時間といった事柄も示す。どうやら、英語に接する以前でさえ、島民は十代後半もしくは大人になって間もない頃に、ようやくティウィ語の豊富なニュアンスの違いが完全に身に着いたらしい。世代から世代へ伝わるうちに、島で使われる別の言語の特徴が加わり、急速に多くの人々がそうした難解な言語をまったく習得できなくなった。

今では、先祖代々の伝統的なティウィ語を話せるのは、島民のうちかなりの高齢者だけである。一方、大多数の者がひじょうに簡素化された形のティウィ語を使う。文学と教育のために、「現代ティウィ語」を公式なものにするための努力はおこなわれてきたが、まだ複雑すぎるため、すでに「新ティウィ語」にとって代わられつつある。これは英語らからの借用語が大量に使われており、日々の生活のなかでますます話されるようになっている。

島の教育制度では、指導に使われる言語は英語が優勢であり、それに加えてオーストラリア本土との入転出者や、英語によるテレビ、ラジオ、印刷物に触れる機会の増加によって、言語の変化の過程が加速することは避けられなくなっている。伝統的なティウィ語が間もなく永遠に失われるであろうことは、ほぼ間違いない。新しいかたちのティウィ語が生き残るかどうか、または英語が最終的に勝利を収めるかどうかは、今のところまだわからない。

ティウィ語

ティウィ族は伝統的に、4つの母系親族集団のひとつに属し、それによってその人が何者で、誰とは結婚が許されないかが決まる。これらの親族集団はイミンガ（yiminga）として知られ、その語はティウィ語で「トーテム」、「命」、「精霊」、「呼吸」、「脈拍」の意味でも使われる。4つの親族集団には、ワンタリングウィ（wantarringuwi：太陽）、ミヤルティウィ（Miyartiwi：タコノキ）、マルンティマピラ（marntimapila：石）、そしてタカリングウィ（takaringuwi：ヒメジ科の熱帯魚）がある。

近年では、誰でも利用できる言語形式づくりに、ティウィ族を参加させようという運動があるが、それに対して抵抗と促進の両方の動きがある。

次の歌は、ストロング・キッズというプロジェクトによって作られた：

Ngariwanajirri ngawurra ninguru magi awarra ngini
ngawa ampi ngamaninguwi putuwurumpura
ngajirti awa jawaya mulujupa
Tiwi ngirramini ngini ngawa ngampangiraga

ンガリワナジリは互いに協力して話を聞き、助け合う
先祖が残してくれた昔話をしっかり守ろう
私たちの文化と、私たちが話す言葉を失わせないようにしよう

伝統的な習慣には、クラマ（kulama：ヤムイモ）というイニシエーション儀礼や、死者が出たときにおこなうプクムワニ（Pukumwani：死者儀礼）などがある。後者はしばしば、伝統的なカトリックの埋葬式の後でおこなわれる。

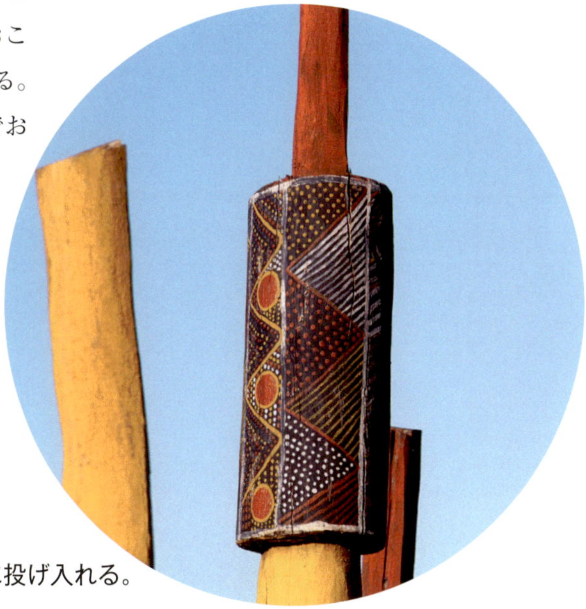

Parlingarri ngawa-maninguwi ngawa-ampi pirri-mi-rri-ngu-wa-mung-ani ngirawiyaka.

昔、私たちの祖父母はクラマのために準備をしたものだ。

Karri ngawa ngapipaya awarra yoyi ngini yiloti api ngawunyawu awarra purnuwu kangi winga. Waya juwa awungarruwu punkumwani awamparri.

最後の儀式が終わると、私たちは死者の持ち物を海に投げ入れる。それでプクムワニの儀式が終わる。

語

tiwi – 人々

taŋini – 棒

alitiwiyi – カンガルー

tampinala – 崖

pikati – メカジキ

tiraka – ワラビー

pota – 骨

paoliti – 顎ひげ

tiŋata – 浜

kitatawini – パン

pirata – 米

ereputara – 唇

yati – 1

toŋulaka – カヌー

tapara – 月

tapinari – 朝

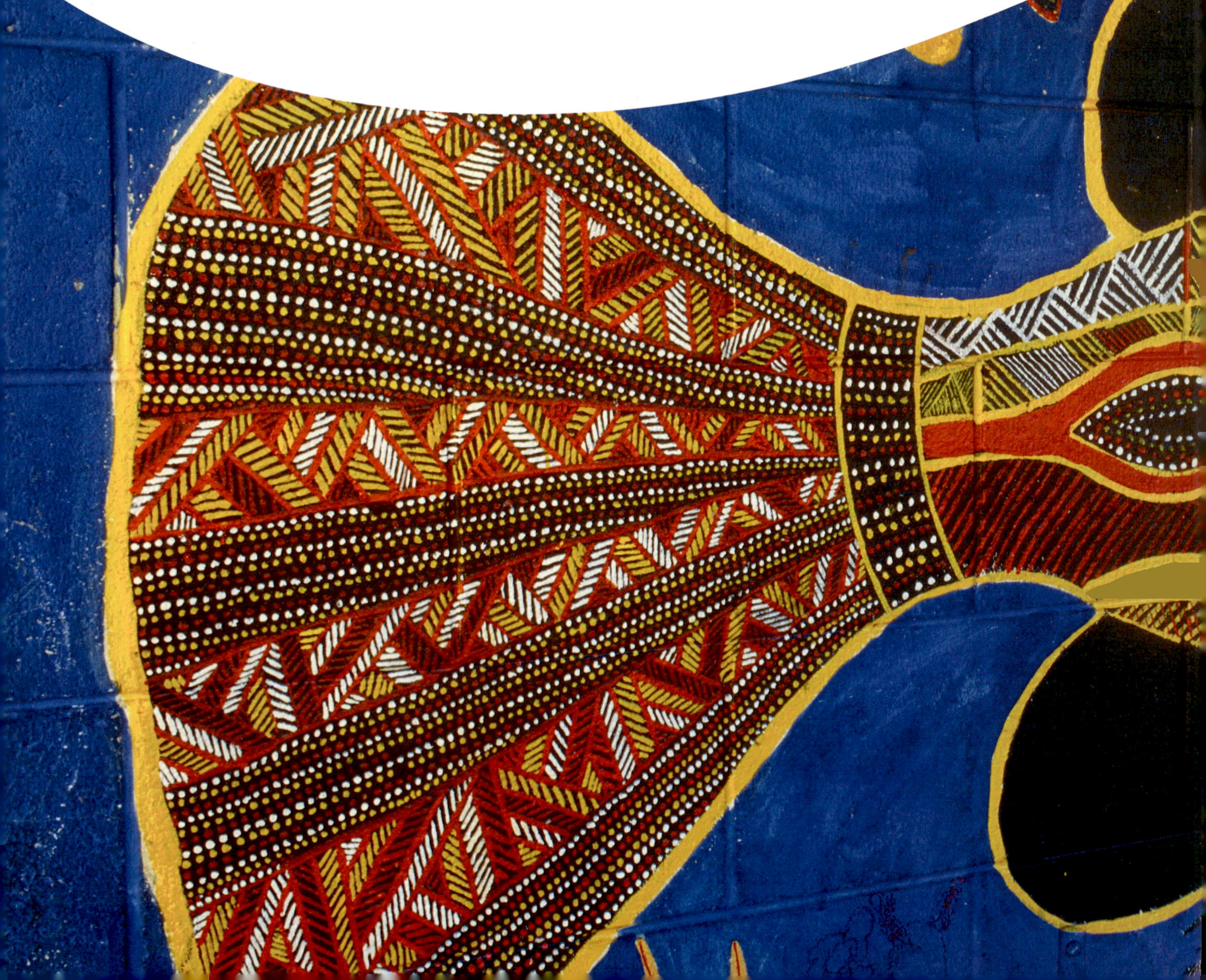

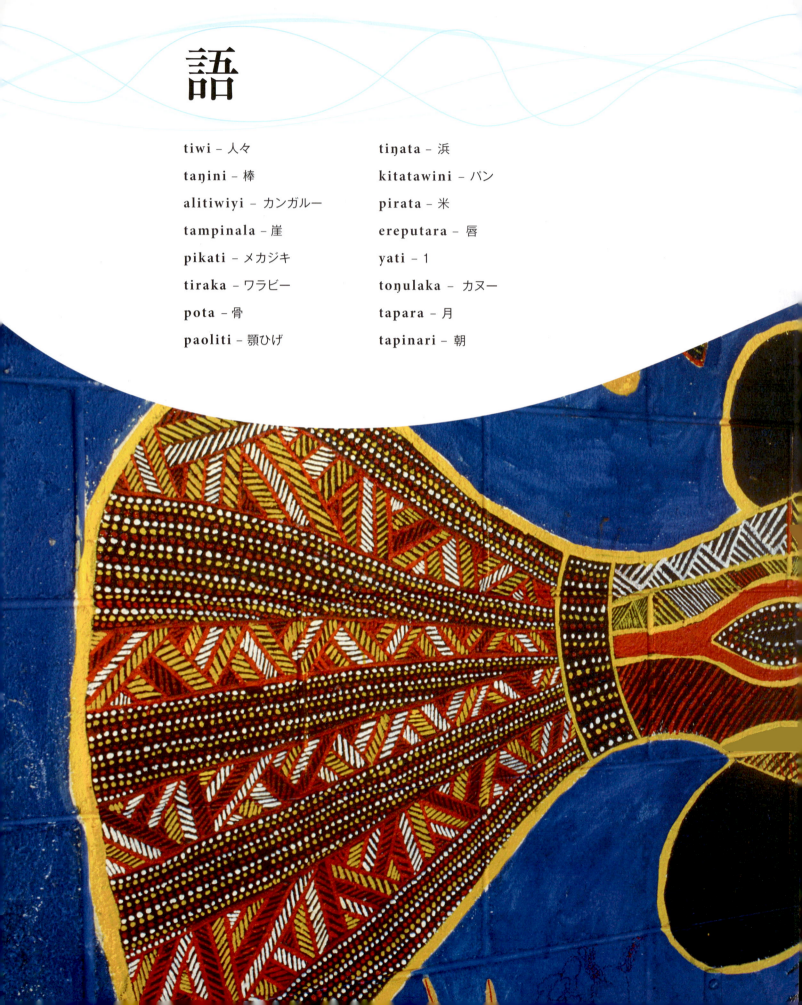

伝統的なティウィ語と現代のティウィ語には、ひじょうに大きな違いがある：

Ngiya nguwurtimarti yinkiti（伝統的なティウィ語）– 私は食べ物が欲しい

Yiya wantim yinkiti（現代のティウィ語）– 私は食べ物が欲しい

参考文献

著者は本書『滅びゆく世界の言語小百科』執筆のための調査に関し、下記の各著作物の貢献に感謝いたします。

Ager, Simon, *Omniglot Encyclopaedia of writing systems and languages,* www.omniglot.com

Baer, A.S, *A Temuan-English-Malay Lexicon,* Keene State College

Baldauf, Richard B., Luke, Allan, *Language Planning and Education in Australasia and the South Pacific,* Multilingual Matters, 1990

Bals, Berit Anne, Universitetet i Tromsø, Odden, David, Ohio State University, Rice, Curt, Universitetet i Tromsø, *Topics in North Saami Phonology,* 2005

Blench, Roger, *The origins of nominal affixes in MSEA languages: convergence, contact and some African parallels,* 2012

Bright, William, *The Karok Language,* University of California Publications in Linguistics, Vol. 13 (Berkeley and Los Angeles: University of California Press, 1957).

Brnzinger, Matthias (ed.), *Language Diversity Endangered* Mouton de Gruyter, Berlin – New York

Chamberlain, Basil Hall, *Aino Folk Tales,* 1888 Z

Dryer, Matthew S. and Haspelmath, Martin, *The World Atlas of Language Structures Online,* Leipzig: Max Planck Institute for Evolutionary Anthropology, 2013, http://wals.info

Dulichenko, Aleksandr D., *The Language of Carpathian Rus': Genetic Aspects,* Essays in honour of Paul Robert Magocsi

Evans, Nicholas, *Dying Words: Endangered Languages and What they Have to Tell Us,* John Wiley & Sons, 2009

Fedchenko, Valentina, *Subdialectal diversity in the Tsakonian-speaking area of Arcadia,* 5th International Conference on Modern Greek Dialects and Linguistic Theory

Ferdinand, Siarl, *A Brief History of the Cornish Language, its Revival and its Current Status,* University of Wales Trinity Saint David, Journal of Interdisciplinary Celtic Studies, Vol. 2 / Cultural Survival

Fleming, Harold C., *Ongota: A Decisive Language in African Prehistory,* Otto Harrassowitz Verlag, 2006

Forbes, Michelle Ann, *Garífuna: The Birth and Rise of an Identity through Contact Language and Contact Culture,* University of Missouri, 2011

Granberry, Julian, *A Grammar and Dictionary of the Timucua Language,* The University of Alabama Press; 3rd edition, 1993

Hallen, Dr Cynthia L., *The Ainu Language,* Department of Linguistics, Brigham Young University, 1999

Harrington, John Peabody, *Karuk Indian Myths,* Smithsonian Institution, Bureau of American Ethnology, Bulletin 107, 1932

Harrison, K. David, *The Last Speakers: The Quest to Save the World's Most Endangered Languages,* National Geographic Society, 2010

Harrison, K. David, *When Languages Die: The Extinction of the World's Languages and the Erosion of Human Knowledge* Oxford University Press, USA, 2008

Harrison, K. David and Raimy, Eric , *Reduplication in Tuvan: Exponence, Readjustment and Phonology,* Swarthmore College

Heinen, H. Dieter, *The Kanobo Cult of the Warao Amerindians of the Central Orinoco Delta,* LIT Verlag Münster, 2009

Howard, Alan, Rensel, Jan, *Proverbs in Rotuman Culture* in Fäeag 'Es Fuaga: Rotuman Proverbs, Compiled and Translated by Elizabeth K.M. Inia, Suva, Fiji: Institute of Pacific Studies, University of the South Pacific, 1998

Janse, Mark and Tol, Sijmen (eds.) *Language Death and Language Maintenance: Theoretical, Practical and Descriptive Approaches,* Linguistic Bibliography, Ghent University, University of Amsterdam

Jenner, Henry, *A Handbook of the Cornish Language,* David Nutt, 1904

Khabtagaeva, Bayarma, *Long vowels in Mongolic loanwords in Tuvan,* 2004

Khabtagaeva, Bayarma, *Mongolic Elements in Tuvan (Turcologica),* Harrassowitz Verlag, 2009

Kumagai, Kane, *Ainu for Beginners,* Translated by Yongdeok Cho (Noir), www.unilang.org

Kushko, Nadiya, *Literary Standards of the Rusyn Language: The Historical Context and Contemporary Situation,* University of Toronto

Landry, Peter, *The Micmac of Megumaagee,* 2013, www.blupete.com

Lee, Jenny, *Tiwi: A Language Struggling to Survive,* Work Papers of SIL-AAIB, Series B Vol. 13, Aboriginal Language Use in the Northern Territory: 5 Reports Ed. M.J. Ray

Lee, Jenny, *Tiwi-English Interactive Dictionary Edition 2, 2013* Australian Society for Indigenous Languages

Liebhaber, Sam, *Mahri Poetry Archive*

Liosis, Nikos, *Auxiliary Verbs and the Participle in the Tsakonian Dialect: Towards a Periphrastic Verbal System,* Institute of Modern Greek Studies, Aristotle University of Thessaloniki

Magga, Dr. Ole Henrik, *Diversity in Saami terminology for reindeer and snow,* Saami University College, Guovdageaidnu, Norway

Magocsi, Paul R., *Let's Speak Rusyn,* Carpatho-Rusyn Research Center, Fairview, New Jersey, 1979

Marlett, Stephen A., *A Place For Writing: Language Cultivation And Literacy In The Seri Community,* RRL, LV, 2, p. 183–194, Bucureşti, 2010

Marlowe, Frank, *The Hadza Hunter-Gatherers of Tanzania,* Berkeley: University of California Press, 2010

Martin, Kylie, *Aynu itak. On the road to Ainu language revitalization,* Hokkaido University Collection of Scholarly and Academic Papers, 2011

Mattah, Naphtaly P.O., with Folger Dye, Sally, *Ancestral spirits in Suba Life,* Insights in African ethnography: occasional papers from Ethno-Info No. 2, Ed. Barbara Moore, 1997

Morelli, S.J., *Teaching the Two Kinds of Aboriginal Sentences in Colour,* New South Wales Government, Aboriginal Education Board of Studies

Morris, Miranda, *The pre-literate, non-Arabic languages of Oman and Yemen. Their current situation and uncertain future,* The British Yemeni Society, Vol. 15. 2007

Moseley, Christopher (ed.), *Atlas of the World's Languages in Danger,* UNESCO Publishing, 2010

Moser, Edward W. and Moser, Mary B., *The Seris,* Updated 1996

Nicolai, Renato, *Vocabulário Ticuna* Línguas Indígenas Brasileiras

O'Meara, Carolyn and Bohnemeyer, Jürgen, *Complex Landscape Terms in Seri,* Department of Linguistics, University at Buffalo

Paul, Lewis M., Simons, Gary and Fennig, Charles D., (eds.), *Ethnologue: Languages of the World, Seventeenth edition,* Dallas, Texas: SIL International, 2014, www.ethnologue.com

Planta, Joseph, *Account of the Romansh Language,* 1776

Ravindranath, Maya, *Transnational Endangered Language Communities and the Garifuna Nation,* University of Pennsylvania, Working Papers in Educational Linguistics, Vol. 22, No. 1, 2007

Reyhner, Jon (ed.), *Effective Language Education Practices & Native Language Survival,* Native American Language Issues, Choctaw, Oklahoma, 1990

Richardson, Nancy, *Now You're Speaking Karuk (Arará̈hih – the People's Language),* Humboldt State University, 1993

Rubin, Aaron, *The Mehri Language of Oman,* Brill, 2010

Sands, Bonny, Maddieson, Ian and Ladefoged, Peter, *The Phonetic Structures of Hadza,* University of California, Los Angeles Studies in African Linguistics Vol. 25, No. 2, Fall 1996

Sava, Graziano, Leiden University, The Netherlands, Mauro Tosco, Istituto Universitario Orientale, Naples, Italy, *A Sketch of Ongota, A Dying Language of Southwest Ethiopia*

Shafer, Robert, *Hruso,* Bulletin of the School of Oriental and African Studies, University of London, Vol. 12, No. 1 (1947), pp. 184-196. Published by: Cambridge University Press

Simon, I.M., *Aka Language Guide,* Directorate of Research, Government of Arunachal Pradesh, Itanagar, 1993

Smeets, Ineke, *A Grammar of Mapuche,* Walter de Gruyter, 2008

Sooi Beng, Tan, *Akar Umbi, Songs of the Dragon, indigenous identity and Temuan rights to the Forest,* Aliran Monthly Vol. 25 (2005): Issue 5

Souag, Mostafa Lameen, *Grammatical Contact in the Sahara: Arabic, Berber, and Songhay in Tabelbala and Siwa,* 2010

Thieberger, Nick, *A Grammar of South Efate: An Oceanic Language of Vanuatu,* University of Hawaii Press, 2006

Thompson, Laura, *Guam and its People,* Princeton University Press, 1947

Toivonen, Ida, Nelson, Diane Carlita, *Saami Linguistics,* John Benjamins Publishing, 2007.

Vajda, Edward J. (ed.), *Languages and Prehistory of Central Siberia,* Western Washington University, 2004

Vamarasi, Marit, *On the Notion of Cliticization in Rotuman,* Northeastern Illinois University, Chicago, UCLA Working Papers in Linguistics, No. 12, September 2005

Vanko, Juraj, *The Rusyn Language in Slovakia: Between a Rock and a Hard Place,* World Academy of Carpatho-Rusyn Culture

下記の記録保管所と情報提供元も本書『滅びゆく世界の言語小百科』執筆のための調査に関し、貴重な洞察を与えてくださいました。

ABC Coffs Coast, News archive

About Switzerland, www.about.ch

About World Languages, www.aboutworldlanguages.

Ainu Museum archive, www.ainu-museum.or.jp

The Arapesh Grammar and Digital Language Archive, www.arapesh.org

Aroostook Band of Micmacs, www.micmac-nsn.gov

Australian Society for Indigenous Languages, www.ausil.org

Aymara Uta. Una lengua, una cultura y un pueblo www.aymara.org

BBC, News archive, www.bbc.co.uk

Canadian Museum of History, www.historymuseum.ca

Chamorro Language and Culture, http://chamorrolanguage.blogspot.co.uk

Chantun Grischun, www.gr.ch

The Cornish Language Board, www.kesva.org

Cornish Language Fellowship, www.cornish-language.org

Cornish Language Partnership, www.magakernow.org.uk

Council of the Haida Nation, www.haidanation.ca

Countries and Their Cultures, www.everyculture.com

Encyclopaedia Britannica online, www.britannica.com

Endangered Language Alliance, www.elalliance.org

The Endangered Language Fund, www.endangeredlanguagefund.org

First Voices, Language Archives Celebrating Indigenous Cultures, www.firstvoices.com

Foundation for Endangered Languages, www.ogmios.org

The Foundation for Research and Promotion of Ainu Culture, www.frpac.or.jp

Gáldu, Resource Centre for the Rights of Indigenous Peoples, Laila Susanne Vars (ed.), www.galdu.org

Garífuna Institute, www.garifunainstitute.com

Guampedia, www.guampedia.com

The Guardian, News archive, www.theguardian.com

The Guide to the Slovak Republic, www.slovakia.org

Hadza 100-wordlist, Compiled by George Starostin

Institute for the Languages of Finland, www.kotus.fi

Into Cornwall, www.intocornwall.com

Japan Times. News and features archive, www.japantimes.co.uk

Karuk Dictionary and Texts. A collaboration between the Karuk Tribe and the University of California, Berkeley

Lonely Planet, www.lonelyplanet.com

Land of Winds. Sounds, Voices and Echoes from Andean America, http://landofwinds.blogspot.co.uk/

Linguistic Society of America, www.linguisticsociety.org

Living Tongues. Institute for Endangered Languages, www.livingtongues.org

Melitzazz Festival of Leonidio, Tsakonia, Greece www.melitzazz.gr

Mi'kmaq Association for Cultural Studies, www.mikmaqculture.com

Muurrbay Aboriginal Language and Culture Co-operative www.muurrbay.org.au/

National Geographic, Enduring Voices project, http://travel.nationalgeographic.com/travel/enduring-voices/

Native Languages of the Americas. Preserving and Promoting American Indian Languages, Orrin Lewis and Laura Redish (eds), www.nativelanguages.org

Ngarukuruwala, www.ngarukuruwala.org

Our Mother Tongues, www.ourmothertongues.org

The New Research of Tuva, Est. 2009, www.tuva.asia

The North Coast Journal, News Archive, www.northcoastjournal.com

Rotuma Website, www.rotuma.net

Sea Alaska Heritage Institute, www.sealaskaheritage.org

The Society for the Protection and Promotion of the Cornish Language, www.agantavas.com

Tiwi Islands Regional Council, www.tiwiislands.nt.gov.au

Tiwi College, www.tiwicollege.com

The Tuvans, Western Washington University archive

United Nations Regional Information Centre for Western Europe, www.unric.org

University of California Aflang Directory Bade Archive, http://aflang.humnet.ucla.edu

Wiki Travel, www.wikitravel.org

Wikipedia, www.wikipedia.org

Woodward Maori, www.maori.cl

World Academy of Carpatho-Rusyn Culture, www.carpatho-rusynacademy.org

World Dictionary of Minorities, www.faqs.org/minorities

World Directory of Minorities and Indigenous Peoples Minority Rights Group International, www.minorityrights.org

Xaat Kíl. The Haida Language, www.haidalanguage.org

Image Credits

p7 © Pavel Chonya / Alamy • p8 © Paul Harris / Getty Images • p11 © Lynn Johnson / National Geographic Creative • p18-19 © Keith Moore • p21 © Lynn Johnson / National Geographic Creative • p22 © Denis Pepin / Shutterstock • p23 © The Protected Art Archive / Alamy • p24 © rollie rodriguez / Alamy • p25 © The Protected Art Archive / Alamy • p25 © andamanec / Shutterstock • p26-27 © All Canada Photos / Alamy • p28 © Design Pics Inc. / Alamy • p30 © Alaska Stock / Alamy • p31 © Betsy Baranski / Shutterstock • p32-33 © All Canada Photos / Alamy • p34-35 © Lynn Johnson / Alamy • p36 © Lynn Johnson / National Geographic Creative • p38 © Lynn Johnson / National Geographic Creative • p39 © Lynn Johnson / National Geographic Creative • p41 © Lynn Johnson / National Geographic Creative • p42-43 © AFP/Getty Images • p44-45 © Kristin Klein • p46 © Hemis / Alamy • p47 © Art Directors & TRIP / Alamy • p48-49 © Rohan Van Twest / Getty Images • p48 © david sanger photography / Alamy • p50-51 © Hemis / Alamy • p52 © Irene Abdou / Alamy • p54 © Dennis Jarvis • p55 © canadabrian / Alamy • p55 © Danita Delimont / Alamy • p56-57 © Joseph S Rogers / Wikimedia Commons • p64-65 © imageBROKER / Alamy • p67 © John Coletti / Getty Images • p68 © peruvianpictures.com / Alamy • p69 © mediacolor's / Alamy • p70 © librakv / Shutterstock • p71 © Eric L. Wheater / Getty Images • p72-73 © Robert Harding World Imagery / Alamy • p74 © age fotostock Spain, S.L. / Alamy • p76 © Photoshot Holdings Ltd / Alamy • p77 © Elena Lebedeva-Hooft / Shutterstock • p77 © Alucard2100 / Shutterstock • p78-79 © imageBROKER / Alamy • p80-81 © imageBROKER / Alamy • p82-83 © imageBROKER / Alamy • p84 © Danita Delimont / Getty Images • p85 © Julio Etchart / Alamy • p86 © imageBROKER / Alamy • p87 © Edwin Remsberg / Alamy • p88-89 © Randal Sheppard (CC2) • p91 © Gavin Hellier / Alamy • p92 © Jarous / Shutterstock • p93 © Jacques Jangoux / Alamy • p94 © worker / Shutterstock • p94-95 © J Marshall - Tribaleye Images / Alamy • p96-97 © Prisma Bildagentur AG / Alamy • p99 © Prisma Bildagentur AG / Alamy • p100-101 © Lanmas / Alamy • p102 © Roberto Cornacchia / Alamy • p103 © Samuel Borges Photography / Shutterstock • p110-111 © Prisma Bildagentur AG / Alamy • p113 © Shutterstock / Evgeny Murtola • p114 © Prisma Bildagentur AG / Alamy • p115 © Shutterstock / Paul • p116-117 © Shutterstock / raphme • p118-119 © Antony Spencer / Getty Images • p120 © Cultura Travel/Philip Lee Harvey / Getty Images • p121 © Harvey Barrison • p121 © Harvey Barrison • p123 © Cultura Travel/Philip Lee Harvey / Getty Images • p124 © Chris Hellier / Alamy • p125 © Jason Lindsey / Alamy • p126-127 © Ian Woolcock / Shutterstock • p128 © Simon Stuart-Miller / Alamy • p130 © Panglossian / Shutterstock • p131 © Matt Cardy / Getty Images • p132 © Martin Child / Getty Images • p133 © Tobik / Shutterstock • p134-135 © Shulz / Getty Images • p136 © Richard Nebesky/Robert Harding / Getty Images • p138 © El Caninus Photography / Getty Images • p139 © pf / Alamy • p140-141 © Juniors Bildarchiv GmbH / Alamy • p142-143 © Georgios Alexandris / Alamy • p144-145 © Melitzazz Festival of Leonidio • p146 © Мико - CC BY-SA 3.0 • p147 © Mansiliya Yury / Shutterstock • p148 © RGB Ventures / SuperStock / Alamy • p149 © lexaarts / Shutterstock • p149 © Comstock Images / Getty Images • p156-157 © Arnold Media / Getty Images • p159 © Nigel Pavitt / Getty Images • p160 © Nigel Pavitt / Getty Images • p161 © Hemis / Alamy • p161 © John Warburton-Lee Photography / Alamy • p162 © Brandon Alms / Shutterstock • p162 © Tony Magdaraog / Shutterstock • p163 © Danita Delimont / Alamy • p164-165 © Ariadne Van Zandbergen / Alamy • p166 © Kerstin Geier / Getty Images • p167 © Bildagentur-online/McPhoto / Alamy • p167 © Nigel Pavitt / Getty Images • p168 © Bildagentur-online/McPhoto / Alamy • p169 © Deborah Kolb / Shutterstock • p170 © Images of Africa Photobank / Alamy • p171 © Nigel Pavitt / Getty Images • p172-173 © Juliet Coombe / Getty Images • p174 © Nickolay Vinokurov / Shutterstock • p176 © Hemis / Alamy • p177 © Juliet Coombe / Getty Images • p178-179 © Philip Game / Getty Images • p180-181 © Grant Rooney / Alamy • p182 © John Warburton-Lee Photography / Alamy • p184 © dbimages / Alamy • p185 © Chris Lewington / Alamy • p186-187 © PicturesWild / Shutterstock • p188-189 © Irene Becker Photography / Getty Images • p190-191 © Peeter Viisimaa / Getty Images • p193 © Braam Collins / Shutterstock • p193 © Tabby Mittins / Shutterstock • p193 © Gerrit_de_Vries / Shutterstock • p194 © Irene Becker Photography / Getty Images • p195 © Martin Kucera / Shutterstock • p202-203 © Lucia Terui / Getty Images • p205 © 川原慶賀「樺太風俗図」（部分）東京国立博物館蔵 Image: TNM Image Archives • p206 © Keren Su / Getty Images • p207 © De Agostini / G. Dagli Orti / Getty Images • p208 © Cultura Travel/Philip Lee Harvey / Getty Images • p208-209 © Martin Moos / Getty Images • p210-211 © Hemis / Alamy • p212 © Lynn Johnson / National Geographic Creative • p214 © Lynn Johnson / National Geographic Creative • p215 © Robert Harding World Imagery / Alamy • p216 © Lynn Johnson / National Geographic Creative • p216 © MARKA / Alamy • p217 © Lynn Johnson / National Geographic Creative • p218-219 © Lynn Johnson / National Geographic Creative • p220-221 © Images & Stories / Alamy • p222 © Lynn Johnson / National Geographic Creative • p223 © VALERY TITIEVSKY/AFP/Getty Images • p223 © Lynn Johnson / National Geographic Creative • p224 © Images & Stories / Alamy • p225 © Images & Stories / Alamy • p225 © aleksandr hunta / Shutterstock • p226-227 © Prisma Bildagentur AG / Alamy • p228 © TERRY MCCORMICK / Getty Images • p230 © Ilona Ignatova / Shutterstock • p230-231 © David Steele / Shutterstock • p232 © Hemis / Alamy • p233 © John Miles / Getty Images • p234-235 © Robert Harding Picture Library Ltd / Alamy • p236 © age fotostock Spain, S.L. / Alamy • p238 © Elena Mirage / Shutterstock • p239 © Hemis / Alamy • p240 © Markuso / Shutterstock • p241 © Hemis / Alamy • p242 © Manamana / Shuterstock • p248-249 © Adina Tovy / Getty Images • p251 © Carini Joe / Getty Images • p252-253 © Jon Arnold Images Ltd / Alamy • p254 © DEA / G. DAGLI ORTI / Getty Images • p255 © Harold G Herradura / Getty Images • p255 © De Agostini / M. Leigheb / Getty Images • p256-257 © Penny Tweedie / Alamy • p258 © Andrew Holt / Getty Images • p260-261 © Mark Andrew Kirby / Getty Images • p262-263 © Oliver Strewe / Getty Images • p263 © Mark Andrew Kirby / Getty Images • p264-265 © ChameleonsEye / Shutterstock • p266 © Mike Powell / Getty Images • p268-269 © ChameleonsEye / Shutterstock • p270 © Universal Images Group Limited / Alamy • p270-271 © Ralf Broskvar / Shutterstock • p272-273 © Mike Robinson / Alamy • p274 © Don Mammoser / Shutterstock • p276-277 © Mike Robinson / Alamy • p278 © Philip Game / Getty Images • p279 © Atmotu Images / Alamy • p280-281 © Hemis / Alamy • p282 © Penny Tweedie / Alamy • p284 © Penny Tweedie / Alamy • p285 © Bill Bachman / Alamy • p285 © Bill Bachman / Alamy • p286-287 © Bill Bachman / Alamy

Text: Ginny Naish, Design: Steve Evans.
For the Publisher: Keith Moore, Hannah Dove

監訳者あとがき

本書は美しい図版を伴ったGinny Naish, *Fragile Languages*, 2013(未刊)を底本としている。その後本書のオランダ語版が2015年1月に刊行されているので、日本語版は二番目の単行本化である、原題は『脆弱な言語』といった意味であるが、本書では読者にわかりやすいように『滅びゆく世界の言語小百科』とした。著者のジニー・ナイシュは、世界の諸言語に造詣の深いエッセイスト、旅行家、翻訳家である。オランダ語版の著者紹介によれば、欧米各地のほかブラジル、ベネズエラの地域事情に明るいという。

ユネスコは2009年、世界の諸言語およそ6500の中で、消滅の危機にある諸言語2500のリストを発表し、その救済と保護を訴えた。本書の刊行はそうしたユネスコの支援に基づいており、世界各地から特徴的な言語30を精選して解説したものである。

本書の特徴は、消滅の危機に晒されている言語の記述に重点を置きながら、その言語学的側面にとどまることなく、各言語の歴史や社会文化的状況の記述にも配慮している点である。そこには、言語を、生命をもつ存在として扱おうとする著者の姿勢が明確に現れている。

本書でとくに興味深いのは、少数派言語を保護育成するためのいくつかの試みが紹介されていることである。たとえば、ニュージーランドのマオリで始まったとされる就学前の子どもたちに対して伝統的な言語・文化を集中的に学習させる「言語の巣」プログラムは、今日では他の地域に拡大していること、さらにそれが伝統言語の「延命化」に役立つばかりか、異世代間の交流にも貢献しているといった指摘である。

最後に、翻訳にはオランダ語版も適宜参照した。また原書で言及される言語名については、『言語学大辞典』（三省堂）及び『世界民族言語地図』（東洋書林）に従った。ただし、両文献中に訳語が確認できない場合には原書で用いられる綴りをそのままカタカナ表記した。

【著者】
ジニー・ナイシュ（Ginny Naish）
フリーランスのライター・翻訳家。言語学、古典の現代語訳、スペイン語圏・ポルトガル語圏・フランス語圏の国々の歴史と文化に精通する。イギリスとベネズエラで学んだ後、ブラジル、イタリア、フランスを渡り歩く生活が10年にも及んだ。2011年イギリスに帰国、地理と言語に関する参考図書の編集に携わっている。

【監訳者】
伊藤　眞（いとう　まこと）
1950年生まれ。東京都立大学助教授を経て現在、首都大学東京人文科学研究科教授。社会人類学専攻。東南アジアを中心にフィールドワークをおこなう。著書に『生をつなぐ家―親族研究の新たな地平』（共著）、『やもめぐらし―寡婦の文化人類学』（共著）、『講座　世界の先住民族　02　東南アジア』（共著）、『性の文脈』（共著）、『〈もめごと〉を処理する』（共著）など。

【翻訳協力】
佐藤利恵

Shufusha

滅びゆく世界の言語小百科

2016年5月10日　第1刷

著　　者　ジニー・ナイシュ
監 訳 者　伊藤　眞
装　　丁　栗原裕孝
発 行 者　伊藤甫律
発 行 所　株式会社 柊風舎
〒161-0034 東京都新宿区上落合1-29-7 ムサシヤビル5F
TEL 03-5337-3299／FAX 03-5337-3290

日本語版組版／株式会社明光社印刷所

ISBN978-4-86498-035-7

Japanese Text © Makoto Ito